DON CELESTINO EZEMADUBOM

CURARE I RICORDI

Come guarire dalle ferite del Passato per vivere liberi e felici

Traduzione di Alberto Cavichioli,
Maria Cecilia Pellegrino e Patrizia Pari

"CURARE I RICORDI. Come guarire dalle ferite del Passato per vivere liberi e felici."

Opera pubblicata e distribuita da: **& MyBook**
Un marchio di Caravaggio Editore
Vasto (CH) – Italy
www.andmybook.it
info@andmybook.it

Collana Editoriale *Saggistica*
Prima Edizione Dicembre 2019

ISBN 978-88-6560-190-7

INDICE

CAPITOLO 3 - *Il 'Perdono' come Concetto Centrale nel Processo di 'Guarigione delle memorie'* 101

CAPITOLO 4 - *Le Caratteristiche Fondamentali e le tre fasi del Processo di 'Guarigione delle memorie'* 153

SEZIONE SPECIALE

INTRODUZIONE

Il passato è passato ma la memoria umana lo rende ancora presente. Ricordare i bei momenti del passato è una fonte di gioia. Il problema è il ricordo delle ferite. Sia che altri ci abbiano fatto soffrire o che noi abbiamo fatto soffrire gli altri. Possono essere seri errori che abbiamo fatto nel passato oppure opportunità che abbiamo perso che ci buttano a terra. In ogni caso, c'è un problema che accomuna le nostre ferite: danno vita a una memoria ferita e questa memoria tiene la persona prigioniera del proprio passato. La persona rimane ingabbiata nel passato mentre vive il presente. Ci fa vivere una vita di continui rimpianti. Forza la persona a portare dei pesi di ferite sofferte o inflitte o errori commessi, e questi pesi gravano ogni giorno. Tali pesi influenzano la vita fisica, psicologica e spirituale dell'individuo, in una tale situazione soffriamo doppiamente: il dolore attuale sofferto/inflitto e il continuo ricollegarsi e soffrire a causa sua nella memoria che influenza la persona completamente.

Abbondano episodi del passato che possono creare una memoria ferita. Il tradimento di una persona amata o di un amico può dar origine a tali ferite. Il dolore di una moglie o di un marito nel caso di un matrimonio rovinato ne è un tipico esempio. Potrebbe venire da un problema irrisolto fra amici che non stanno più insieme. Non è escluso un problema sul posto di lavoro, dove uno viene trattato ingiustamente senza meritarlo. Una memoria ferita può essere una memoria di gruppo, la memoria dello scisma tra la Chiesa Cattolica e quella Ortodossa. Potrebbe essere la memoria nazionale di un paese dopo un'invasione ingiusta e una guerra. Alcuni fattori comuni della memoria ferita includono:

1. Fa sentire soli – cioè imprigiona
2. Rende difficoltoso relazionarsi con gli altri, dato che ci fa sentire una vittima
3. Si fa riferimento sempre a un determinato momento, chiamato "il Momento di Ghiaccio"
4. Fa sentire giù di morale fisicamente, psicologicamente e spiritualmente se la memoria non guarisce
5. Cambia la vita in negativo, dato il costante rimpianto delle sofferenze passate

Tutto ciò può essere riferito a un gruppo o a un individuo. Inoltre, la guarigione delle memorie ha a che fare con la memoria personale e sociale, come vedremo più avanti. A causa degli effetti negativi della memoria ferita, il processo di guarigione è davvero inevitabile per tutti coloro che vivono il dolore delle ferite del passato.

La guarigione delle memorie è un processo con il quale un gruppo o un individuo decide di liberarsi dalla schiavitù delle ferite passate o dal dolore del passato. Può essere il dolore che abbiamo causato agli altri o quello che ci è stato inflitto. Potrebbe anche essere il dolore che stiamo soffrendo nel presente dovuto a errori passati oppure a opportunità perdute. La *Guarigione delle memorie* è un processo che dura per quasi tutta la vita. Lo strumento essenziale in questo percorso è il perdono, il perdono reciproco oppure il perdono di se stessi. Intraprendere il sentiero della guarigione delle memorie è una delle esperienze più belle che una vittima può fare nella sua esistenza. All'inizio può essere difficile cominciare questo percorso poiché la vittima fa molta fatica a perdonare chi le ha procurato offesa o l'ha ferita. In quel momento è certamente un'esperienza amara, ma come vedremo nell'analisi dell'argomento, appena la vittima trova il coraggio di perdonare il suo oppressore, sperimenta una libertà, una serenità e una tranquillità mai provata prima. In quel momento, ogni amarezza sperimentata all'inizio del cammino cede il passo ad una dolcezza senza paragoni.

Si noti però che la "guarigione delle memorie" è soltanto un aspetto del concetto di "guarigione" che è più ampio. Non si può considerare il concetto di *guarigione delle memorie* senza aver prima una conoscenza di base del termine "guarigione". Per questo motivo, questo lavoro che è diviso in quattro capitoli tratta il concetto di guarigione nel primo capitolo. Analizzeremo il termine "guarigione" attraverso tre prospettive: l'interpretazione biblica, lo sviluppo del concetto nei dialoghi ecumenici e il comune modo di intendere il termine.

Il secondo Capitolo tratta il concetto di guarigione delle memorie. Inzia con la spiegazione di cosa è la memoria. Può essere personale o sociale. Il capitolo studia lo sviluppo storico del concetto di guarigione delle memorie. Cosa significa guarigione delle memorie? Qual'è la differenza tra una memoria ferita e una memoria guarita?

Parlare della guarigione delle memorie implica il problema del perdono. Per questa ragione, il terzo capitolo tratta del posto che ha il perdono nel processo di guarigione delle memorie. Inizia presentando il concetto di perdono nella Bibbia. Da qui, il capitolo va ad interpretare il concetto di perdono. Per esempio, il perdono implica ricordare il passato o dimenticarlo? Il perdono è contro le norme di giustizia? Cos'è il perdono reciproco?

L'ultimo capitolo tratta delle caratteristiche indispensabili della guarigione delle memorie sia per l'individuo che per i gruppi. Presenta inoltre le tre fasi del processo di guarigione delle memorie. Infine giunge alla conclusione.

CAPITOLO 1
Analisi del concetto di 'Guarigione'

1.0. Introduzione

La guarigione è un... fenomeno universale testimoniato da ogni popolo sempre e in tutti i luoghi della terra, e che ha assunto un rilievo peculiare nel XX secolo. Non può essere confinato a regioni isolate o a particolari religioni o a specifiche società o culture... Il desiderio di guarigione è sempre stato un desiderio umano universale. È un fenomeno pan-religioso; esiste in tutte le religioni che conosciamo... La ricerca della guarigione non è nuova alla Chiesa Cristiana e non le è nemmeno stata irrilevante[1]

La guarigione è un fenomeno sia universale che naturale. Fa parte della storia della vita in generale e dell'umanità in particolare. È un segno vitale della vita stessa.[2] Il termine 'guarigione' è un fenomeno vasto che include tutta una serie di problemi. Si può vedere da prospettive differenti a seconda del punto di vista del ricercatore. Lo scopo di questo capitolo è quello di esplorare il concetto di guarigione all'interno delle riflessioni ecumeniche recenti. In altre parole, cosa significa la parola 'guarigione' in queste riflessioni ecumeniche? Ad esempio, significa semplicemente come si usa spesso "'miracolosa' guarigione di forza dopo un periodo di debolezza e malattia dell'individuo"?[3] Nelle riflessioni ecumeniche, il concetto di guarigione comprende più problemi che cure fisiche. Dalle consultazioni di Tübingen del 1964, dal documento del Concilio Mondiale delle Chiese *"Healing and Wholeness. The Church's Role in Health"* del 1990, fino al *"Come Holy Spirit, heal and reconcile"* del Concilio Mondiale delle Chiese del 2005,[4] si è riflettuto su diversi aspetti del concetto di guarigione.[5] Ad ogni modo, una cosa è discutere il concetto di guarigione da diverse prospettive e un'altra assicurarsi che le discussioni non siano solo questione di prendere una decisione. Secondo John S. Pobee:

> Quando guardiamo la salute e la guarigione dalla prospettiva della religione dobbiamo aver cura non solo di trovare delle soluzioni ma soprattutto capire cosa sia appropriato o giusto in quel periodo... e leggere i segni di quel tempo. Ciò significa rispondere alla sfida del periodo... e rispondere ai bisogni specifici del tempo.[6]

Allo stesso tempo, la discussione sulla guarigione nella maggior parte delle discussioni ha le sue basi nella Bibbia. Potrebbe essere necessario capire la visione biblica di questo concetto.

1.1. L'Interpretazione biblica della 'Guarigione'

La trattazione del concetto di guarigione dal punto di vista biblico non implica necessariamente un'esegesi biblica del termine. Ciò trascende lo scopo di questa ricerca. L'interpretazione biblica del concetto di guarigione serve invece come punto di partenza per le discussioni ecumeniche sul termine stesso.

Il concetto di guarigione è presente sia nel Vecchio che nel Nuovo Testamento. Nei libri del vecchio testamento la presenza dei guaritori è evidente ed erano preziosi (Esodo 21: 19; Isaia 1: 6; 38; 21). Sebbene trovassero vari rimedi per sanare, la vera guarigione era eseguita dai profeti piuttosto che dai guaritori (si veda soprattutto Elia in 1 Re 17: 17-24; Eliseo in 2 Re 4: 8-37). Nonostante il fatto che la guarigione vera venisse ottenuta dai profeti, il pensiero comune diffuso tra gli ebrei era questo: che fosse *il Signore* stesso a risanare il suo popolo. Questa è l'espressione fondamentale in Esodo 15: 26: "Io sono il Signore tuo guaritore" Questa realtà si riflette anche nel Salmo 103: 3. [7] Si potrebbe dire che la guarigione come abbiamo visto è principalmente un recupero dalla malattia fisica, ma non esclude altre dimensioni del concetto.

Nel Nuovo Testamento, l'incarnazione di Dio in Cristo è un'affermazione della potenza risanatrice di Dio. Non è un potere di guarigione che ci sottrae alle difficoltà di questo mondo in previsione del mondo che verrà. Si tratta piuttosto un potere di guarigione che si sviluppa "in mezzo a questo mondo" con tutto il suo dolore, l'avvilimento e la frammentazione del vivere quotidiano; e questa guarigione coinvolge tutta l'esistenza umana.[8] Ciò indica che la guarigione portata da Cristo è in primo luogo una rivelazione della presenza di Dio nel mondo, poi un indicatore della salvezza finale nell'escatologia. Così, questa guarigione non ci porta via da questo mondo, ma avviene qui e ora, in mezzo ai fallimenti del mondo. Non solo, l'incarnazione di Cristo è una manifestazione della potenza risanatrice di Dio: i Vangeli ci dicono che Gesù è venuto nel mondo per guarire. Il suo ministero di guarigione ha dimostrato come egli fosse singolare nel suo approccio alla guarigione. Ad esempio, tutti coloro che sono venuti a Lui, per ricevere una guarigione, l'hanno ricevuta sia immediatamente o subito dopo. Attraverso il suo ministero di guarigione, egli ha avviato e rivelato il carattere del Regno di Dio.[9] In Gesù Cristo, il regno di Dio non era più un'anticipazione del regno nell'escatologia, ma piuttosto già una realtà in atto e a portata di mano (Matteo 4: 17; Luca 11: 20).[10]

Le guarigioni compiute da Gesù fecero capire alla gente che era iniziata una Nuova Era piena di speranza in grado di sostituire quella vecchia avvolta dalla paura. Queste guarigioni mostravano una potenza e un'autorità che appartiene soltanto a Dio. In questo modo, le guarigioni non solo hanno rivelato il Regno di Dio, ma hanno anche offerto un percorso singolare per incontrare Dio stesso. Questo percorso porterà a una completa trasformazione della vita e al guadagno della vita eterna.[11] Il ministero di guarigione operato da Cristo ha anche alcuni elementi caratteristici della "fine dei tempi" (eschaton). Attraverso la sua opera di guarigione, Gesù ci ha indirizzato alla fine dei tempi, quando ci sarà la pienezza di vita, la fine della sofferenza e della morte come Dio ha promesso e ha annunciato per mezzo dei profeti. Gesù non ha sanato tutti i malati del suo tempo perché il Regno di Dio già presente è anche attesa. Il Regno è qui in mezzo a noi, ma non del tutto qui, è rivelato, ma non nella sua pienezza, la pienezza sarà rivelata solo alla fine dei tempi. [12]

Dal momento che questo Regno è giunto ma è tuttora attesa nella sua pienezza, la sofferenza e il dolore continuano ad essere presenti nel mondo tra il tempo della Pasqua del Signore e la fine della storia dell'umanità. In questo contesto di sofferenza, lo Spirito Santo dà alla Chiesa la forza necessaria per continuare nella sua missione di guarigione e di riconciliazione. Lo stesso Spirito rende i credenti capaci di affrontare la continua sofferenza umana e di vivere ogni malattia alla luce della redenzione di Cristo. [13] La capacità di far fronte alla sofferenza alla luce della vittoria di Cristo sulla morte, come nel caso di San Paolo, è parte integrante della guarigione. I credenti affrontano la sofferenza e i dolori della realtà presente con la speranza viva nel tempo futuro, quando non ci sarà più alcuna sofferenza. Da questa prospettiva, le guarigioni compiute da Cristo non rappresentano solo una rivelazione del Regno di Dio qui e ora, ma anche un "viaggio nella perfezione di una speranza finale ... questa perfezione non è sempre realizzata pienamente nel tempo (Romani 8: 22.) " [14] Proseguendo, un'altra caratteristica significativa del ministero di guarigione di Cristo è che esso era completo e integrale:

Nella potenza dello Spirito Santo, Gesù di Nazareth era un guaritore, un esorcista, un maestro, un profeta, una guida e un ispiratore. Egli ha portato e offerto la libertà dal peccato, dal male, dalla sofferenza, dalla malattia, dalla tristezza, dalle tribolazioni, dall'odio e dalla divisione (Luca 4: 16ss; Matteo 11: 2-6). Le principali caratteristiche delle guarigioni operate da Gesù Cristo erano: la sua sensibilità per le necessità e i bisogni delle persone, in particolare, quelle più deboli e vulnerabili; il fatto che quando Gesù era "toccato", subito rispondeva, risanando (Luca 8: 42b- 48); la sua disponibilità ad ascoltare e l'apertura al cambiamento (Marco 7: 24b-30); la sua riluttanza ad accettare ritardi nel portare sollievo alla sofferenza (Luca 13: 10-13); infine, la sua autorità sulle tradizioni e sugli spiriti maligni. Le guarigioni di Gesù provocavano sempre un ristoro completo del corpo e della mente a differenza di quello che si sperimenta normalmente nelle guarigioni.[15]

Questa presentazione della diversa e molteplice natura del ministero di guarigione di Cristo dovrebbe essere oggi giorno una guida per le varie confessioni della Chiesa allo scopo di preparare i loro percorsi di formazione al ministero della guarigione. La missione di guarigione della Chiesa dovrebbe essere una missione completa e multiforme sul modello di quella operato da Cristo.

Negli Atti degli Apostoli, le guarigioni ottenute dagli Apostoli erano una replica di quelle compiute da Gesù. Con le loro guarigioni, gli Apostoli dimostravano la presenza della persona di Gesù in mezzo a loro, manifestando una continuazione del ministero di guarigione di Gesù. Gesù guariva e rivelava il

Regno di Dio, gli Apostoli guarivano nel nome di Gesù, rivelando anch'essi la presenza del Regno di Dio. [16] In San Paolo, il concetto di guarigione ha assunto un significato leggermente diverso. Egli parla più del benessere spirituale dei credenti che di segni e prodigi e di salute fisica. San Paolo ha messo in evidenza "l'unità" nel rapporto dei credenti con Dio e tra di loro, mentre considerava la salute e il benessere nel contesto di una vita futura che avrebbe fornito il recupero fisico a tutti i credenti." [17] Il concetto di guarigione nel dialogo ecumenico ha una sua storia che può fare luce sui diversi modi di intendere il concetto stesso come si vedrà in seguito.

1.2. Sviluppo storico del concetto di guarigione nelle discussioni ecumeniche

Il Convegno di Tübingen I[18], organizzato nel 1964 dall'Istituto tedesco per la Missione Medica, rappresenta uno degli sviluppi più significativi nell'ambito del dialogo ecumenico sul concetto di guarigione. [19] Questo convegno deve molto alla Missione Breklum per via della sua storia come missione di guarigione. Uno dei missionari della Missione Breklum, Martin Scheel che ha lavorato in India, è stato invitato nel 1957 ad unirsi all'Istituto tedesco per la Missione Medica a Tübingen. Egli è diventato il primo direttore del suddetto Istituto e sotto la sua guida sono stati organizzati i convegni Tübingen I e II[20]. Tali consultazioni hanno sollevato alcune delle questioni più essenziali che per molti anni hanno interessato il dibattito internazionale in materia di salute, di fede e di guarigione. [21] Le conclusioni raggiunte in queste consultazioni hanno fornito risposte a molte domande che sono emerse nel settore della missione di guarigione all'interno della Chiesa. Le consultazioni hanno contribuito ad una migliore comprensione del ministero di guarigione della Chiesa, incluso una riflessione e un ripensare alle condizioni delle missioni mediche. I Convegni di Tübingen I e II hanno avuto un ruolo essenziale nella creazione della Commissione Medica Cristiana (CMC) del Consiglio Mondiale delle Chiese, tenutosi a Ginevra nel 1978. [22] Una delle conclusioni più importanti raggiunta nella prima conferenza è stata la definizione del concetto cristiano di ministero di guarigione. A questo proposito, la conferenza ha chiarito che la Chiesa cristiana ha un compito specifico nell'ambito della guarigione. Quindi,

> la Chiesa non può delegare la propria responsabilità nel campo della guarigione ad altri organismi, "e la guarigione è stata concettualizzata come "un segno della potenza del Regno di Dio che irrompe nella vita dell'uomo e depone il potere del maligno". [23]

Tuttavia, alcuni studiosi [24] sostengono che queste affermazioni necessitino di ulteriori chiarimenti. Un esame attento della conferenza di Tübingen I rivela che si è occupata maggiormente dell'assistenza sanitaria e della cura fisica della persona come elemento della guarigione e come aspetto della missione di guarigione della Chiesa. Questo orientamento potrebbe dipendere dallo stesso direttore della conferenza, Martin Scheel, il quale era sia teologo che medico. L'accezione del termine guarigione in questa conferenza si riferisce in particolare alla salute- si potrebbe dire che il termine 'guarigione' qui può essere sinonimo di 'cura'. Il fatto che la Chiesa abbia un compito specifico nella guarigione è evidente sin dal tempo di Gesù e dal periodo della Chiesa primitiva. Tuttavia, l'affermazione che la Chiesa non può delegare la responsabilità della guarigione ad altre organizzazioni ha bisogno di ulteriori chiarimenti alla luce del principio di sussidiarietà, in particolare quando si tratta di assistenza sanitaria. Qual'è il ruolo effettivo che deve essere svolto dalla Chiesa in questo contesto? La Chiesa svolge la sua funzione mantenendo ospedali e cliniche con il lavoro dei cristiani nelle istituzioni secolari di salute oppure i due aspetti sono combinati? Il Convegno di Tubingen I sembra non aver chiarito quale delle tre opzioni sia parte integrante dell'azione della Chiesa. Le comunità ecclesiali possono integrare i servizi dello Stato in materia di assistenza sanitaria, soprattutto quando il governo è in forte ritardo oppure inadempiente rispetto ai suoi impegni sociali. Tuttavia, ritenere che la Chiesa debba assumersi la responsabilità della sanità a livello nazionale sarebbe un fraintendimento della missione propria della Chiesa nell'ambito del risanare. [25]

Un altro aspetto da approfondire della Conferenza di Tubingen I è la definizione di guarigione come 'inizio del Regno di Dio nella storia umana e detronizzazione del potere del maligno'. Questa definizione ha alcune implicazioni che possono tendere verso un certo esclusivismo. Se, come detto prima, il termine 'guarigione' qui si riferisce soprattutto alla cura fisica, allora questa definizione secondo alcuni studiosi suona trionfalistica, addirittura potrebbe portare ad un atteggiamento di discriminazione verso alcune categorie di persone. Ad esempio, i malati che non sono stati curati in modo soddisfacente, potrebbero avere la sensazione di non far parte del Regno di Dio oppure di non averne ricevuto la grazia. Si potrebbe anche dire che la guarigione è relegata alla relazione con Gesù Cristo. Pertanto, i significati del concetto di guarigione in altre religioni e istituzioni non-cristiane non sono stati tenuti nella più giusta considerazione. [26] Il teologo Ulrich Bach ha sottolineato che considerare la guarigione come una detronizzazione del male potrebbe portare a una posizione pericolosa, ovvero quella di associare la malattia con le potenze cattive oppure con il castigo di Dio. Egli ha suggerito che le persone non dovrebbero interpretare la malattia come un'assenza di Dio o viceversa la salute come una condizione necessaria per la salvezza. [27] Alla luce di tutti questi ragionamenti, Bach ha correttamente osservato che,

alcuni termini utilizzati nella Conferenza di Tübingen I, come "salute" e "guarigione", non sono stati sufficientemente definiti e le loro definizioni così vaghe hanno portato ad alcune incomprensioni nell'utilizzo successivo degli atti della conferenza. [28]

Ad esempio, non era chiaro se nella conferenza di Tübingen I si parlasse di 'guarigione dei malati' o di 'cura dei malati'. Le due espressioni non sono esattamente la stessa cosa. La distinzione tra guarigione e cura è molto importante per la comprensione del concetto di guarigione. Così, la comprensione del concetto di guarigione nella sua prospettiva più ampia e multidimensionale diventa essenziale per poter capire in modo chiaro e completo le diverse accezioni del concetto stesso. Esempio, da un punto di vista multidimensionale, la guarigione può essere intesa come una detronizzazione del male, quando si tratta di correggere sistemi oppressivi e ingiuste visioni del mondo. Questo è un aspetto del concetto di guarigione ed è una rivelazione del Regno di Dio: il Regno della giustizia. In questo senso, "la guarigione rappresenta la sconfitta delle potenze del male presenti nel mondo che contrastano l'originale e buon progetto di Dio per la salvezza di tutta l'umanità." [29] A causa di una certa mancanza di chiarezza in alcuni dei temi definiti nella conferenza di Tubingen I, si rese necessario convocare un altro convegno, denominato Tübingen II, nel 1967.

Il Convegno di Tübingen II è stato convocato per stabilire "una chiarificazione ed una elaborazione precisa delle affermazioni teologiche che erano state espresse nella prima conferenza." [30] Un medico e teologo britannico, Robert Lambourne, ebbe un'influenza notevole durante la preparazione e lo svolgimento della conferenza. Egli è l'autore del libro, *Comunità, la Chiesa e la guarigione*. Nel suo libro, egli ha sottolineato il legame tra il malato e la comunità per quanto riguarda la guarigione. Con questa intuizione, la seconda conferenza si occupa di alcune questioni teologiche che hanno contribuito a fare più luce sulla rilevanza delle comunità di guarigione. Con i convegni di Tübingen I e II si è spalancata una vasta gamma di discussioni per le future discussioni sulla guarigione, la salute e il ministero nel movimento ecumenico. [31]

Il dibattito sulla salute e la guarigione è proseguito nella Quarta e nella Quinta Assemblea plenaria del Consiglio Mondiale delle Chiese a Uppsala nel 1968 e a Nairobi nel 1975. La Commissione Medica cristiana, nella sua prima riunione tenuta nel settembre del 1968 a Ginevra, concordò le seguenti risoluzioni:

> 1. Aiutare le Chiese nella loro ricerca di interpretazione cristiana dei concetti di salute e di guarigione; 2. Promuovere approcci innovativi all'assistenza sanitaria; 3. Incoraggiare la collaborazione tra i programmi di assistenza sanitaria legati alle diverse Chiese. [32]

Dalla Quinta Assemblea plenaria del Consiglio Mondiale delle Chiese a Nairobi alla Sesta Assemblea tenuta a Vancouver (1975-1983), il comitato centrale del gruppo ha dato un nuovo mandato alla Commissione Medica cristiana per continuare la ricerca verso una migliore comprensione dei temi relativi alla salute e alla guarigione. In seguito a questo mandato, venne istituita una commissione per effettuare uno studio approfondito sui temi della salute, della guarigione e dell'integrità con lo scopo di fornire appropriate riflessioni sul senso cristiano della vita, della morte, della sofferenza e della salute. Più che una discussione accademica, la commissione ha effettuato uno studio sul campo in diverse regioni del WCC. Questo studio, è iniziato nel 1979 ed è stato concluso nel 1988. Durante questo periodo, molti studi sono stati condotti in vari parti del mondo, soprattutto nelle regioni in via di sviluppo, ed hanno portato a risultati diversi sulla salute e sulla guarigione. [33]

Nei Caraibi, in America centrale e meridionale, si è scoperto che l'ingiustizia strutturale era il principale ostacolo per la salute. Pertanto, la guarigione in queste zone comporta soprattutto l'impegno di affrontare i problemi derivanti dalle ingiustizie sociali e da sistemi politici oppressivi. Dal continente Africano, sono state sottolineate l'importanza della spiritualità Africana e delle pratiche di guarigione tradizionali, che emergono da tale spiritualità, come fattori peculiari per sviluppare il tema della guarigione in Africa. Tuttavia, si può affermare che il concetto di guarigione nella sua prospettiva multidimensionale potrebbe non risultare molto significativo per gli Africani se non vengono affrontati e corretti la visione negativa del mondo e tutti i principi oppressivi neocoloniali che hanno impoverito il continente Africano. Questi sono le cause della malattia e della sofferenza in Africa. In Asia e nelle regioni del Pacifico, lo studio ha evidenziato una realtà multi religiosa e pluralista in collegamento con le medicine tradizionali che stanno emergendo in tali ambienti. Nelle Filippine, l'ingiustizia strutturale è stata anche sottolineata come un impedimento per la salute e la guarigione. In tutte queste regioni, una scoperta comune è stata la stretta relazione tra guarigione e salvezza. [34]

Nei paesi occidentali, la ricerca presenta un'altra prospettiva di guarigione. In questi paesi è emerso che la salute è ostacolata dalla mancanza di uno spirito di comunità. Il titolo del rapporto europeo suona così: *"Chi vive, chi muore, chi sta a cuore?"* [35] Una relazione intermedia sullo studio della salute, della guarigione e dell'integrità è stata presentata nel 1981 durante la seduta del comitato centrale del WCC tenuta a Dresda. [36] Nello stesso periodo in cui la Missione Medica Cristiana stava facendo il suo studio sul territorio, l'Istituto tedesco per la missione medica organizzò un altro studio con lo scopo di ottenere una visione più chiara della missione cristiana di guarigione. Questa analisi, durata dal 1976 al 1981, è stata condotta da teologi e medici provenienti da diversi paesi che si sono incontrati regolarmente. I risultati di questi incontri sono stati pubblicati nel libro, *La Ricerca della Salute e dell'Armonia.* Questo libro presenta le caratteristiche di tutta la storia del ministero cristiano di guarigione dal primo cristianesimo al momento della pubblicazione. [37]

La questione della guarigione ha interessato successivi convegni da Vancouver a Canberra tra il 1983 e il 1991. Nella conferenza di Vancouver si trattò il tema"giustizia, pace ed armonia del creato", presentando già il tema della guarigione nella sua prospettiva multidimensionale. I delegati presenti all'Assemblea di Vancouver si sono interessati al problema della devastazione della natura. Cioè, anch'essa ha bisogno di essere risanata. Questo implica un'analisi del concetto di guarigione da un punto di vista ecologico. Durante questo periodo, i risultati finali dello studio, pubblicati nel documento *Salute, Guarigione ed Armonia,* sono stati messi a disposizione del Comitato Centrale del WCC, riunito a Mosca nel 1989. Il rapporto ha sfidato i membri delle comunità ecclesiali a riaffermare il loro coinvolgimento nel ministero di guarigione, con dichiarazioni sulle prassi di assistenza sanitaria e della guarigione in generale. [38]

Il documento *"Guarigione ed Armonia - il ruolo della Chiesa nella Salute"* formulò una nuova definizione di salute, come "uno stato dinamico di benessere del singolo e della società; ovvero uno stato di benessere fisico, mentale, spirituale, economico, politico e sociale ". [39] Questa definizione, arricchendo il concetto di salute con elementi spirituali, politici ed economici, costituisce un aggiornamento di quella data dall'Organizzazione Mondiale della Sanità. La salute è intesa come fenomeno dinamico. Non è un'entità che un individuo può possedere in un qualsiasi momento. Per questo motivo, una persona non può mai dirsi completamente sana o completamente malata. Ogni persona è sempre coinvolta in un processo dinamico nel quale essa può essere più o meno sana o malata. La definizione di salute, fornita in questo documento, presenta una differenza rispetto a quella data dall'Organizzazione Mondiale della Sanità, poiché indica che la salute non è più essenzialmente una questione individuale, ma coinvolge tutta la società. [40] Seguendo la definizione proposta dal documento della Commissione Medica Cristiana, l'Organizzazione Mondiale della Sanità ha modificato la propria definizione di salute nel modo seguente: "la salute è uno stato dinamico di completo benessere fisico, mentale, sociale e spirituale e non la semplice assenza di malattia". [41] Nella discussione sulla guarigione, il termine "armonia" è stato usato nel dialogo ecumenico ma non è stato definito con la necessaria precisione. Parlare di armonia implica percepire la persona umana come un tutt'uno - di corpo, anima e spirito. Il termine è strettamente legato a quello del Vecchio Testamento *"shalom"*, che indica l'armonia di ogni essere umano con sé stesso, con gli altri esseri umani, con la natura e con Dio. Tuttavia, si è sostenuto che nessuna persona in questa vita presente può raggiungere questo tipo di armonia a causa dell'imperfezione umana. Questa armonia è vista pertanto come una speranza escatologica. Per questo motivo, il teologo Dietmar Schicketanz suggerisce il termine "guarigione multidimensionale", come una possibile alternativa a "guarigione olistica". [42] La guarigione multidimensionale prevede che la guarigione avvenga nelle sue dimensioni più diversificate, ma in un modo coordinato. Nessuna dimensione perderà di vista l'altra nel processo di guarigione.

La discussione sulla guarigione iniziò con la conferenza di Tübingen I, concentrandosi sui servizi di assistenza sanitaria. Tuttavia, i problemi politici e socio-economici dei decenni successivi hanno dato luogo ad una visione multidimensionale delle guarigioni. [43] Essa considerò la guarigione in termini di ingiustizia sociale, di sistemi oppressivi e di visioni negative del mondo che creano sofferenza e malattie tra la gente. Il dibattito sulla guarigione è diventato prioritario nel 2005 alla conferenza del WCC ad Atene sulla missione e l'evangelizzazione nel mondo. La scelta del titolo del convegno ha tenuto conto degli eventi storici più recenti nel mondo. [44] La conferenza di Atene illustrò l'idea di guarigione in modi diversi durante le sessioni. Innanzitutto, la croce usata per la conferenza veniva da Betlemme, indicando la necessità di una guarigione e di una riconciliazione fra palestinesi e israeliani. Quella croce proveniente dalla Palestina e da Israele fu un simbolo di rottura richiamando l'attenzione su "quanto sia importante che la guarigione e la riconciliazione abbiano luogo in un mondo diviso e ferito. Un mondo in cui così tante persone stanno portando le loro croci di sofferenza." [45]

È in questo mondo dove tante persone stanno portando le loro croci che il ministero di guarigione delle comunità ecclesiali è estremamente necessario. Per questo motivo, la Chiesa viene presentata come una "comunità di guarigione." Ciò comprende tutti i diversi modi in cui il concetto di guarigione potrebbe essere inteso. La guarigione non è solo un mezzo per sanare le conseguenze delle anomalie del mondo, ma va più in profondità, affrontando e correggendo le cause alla radice di queste anomalie che rendono le persone malate e frustrate.

1.3. Il significato di *guarigione*

Il termine 'guarigione' è uno degli aspetti cruciali della missione e del ministero cristiano. Tuttavia, l'intera realtà della guarigione risulta essere uno degli aspetti più fraintesi di questa missione e ministero. In alcune confessioni cristiane, la guarigione è sinonimo di "miracoli", ovvero qualcosa di straordinario e soprannaturale. [46] Di conseguenza, non solo le chiese principali, ma anche le sette sono state coinvolte nel ministero della guarigione in modo distorto. La parola "guarigione" è vista da alcuni in connessione con il ministero della guarigione, che si riferisce ai prodigi e ai miracoli. Tuttavia, la guarigione operata da Gesù Cristo non è una cosa straordinaria, ma una "dimensione fondamentale per stabilire il Regno di Dio sulla terra, dove l'armonia viene ripristinata nella creazione." [47] Ci sono due aspetti che questo punto di vista sulla guarigione ci indica. In primo luogo, essa è una dimensione per introdurre il Regno di Dio sulla terra. In secondo luogo, cerca di ripristinare l'armonia della creazione.

Alcune confessioni cristiane non condividono questa visione più ampia della guarigione. Ad esempio, in contrasto con le posizioni della conferenza di Atene, Allan Anderson ha osservato che il modo in cui i cristiani pentecostali e carismatici percepiscono il concetto di guarigione non è così multidimensionale come descritto dal Consiglio Mondiale delle Chiese. I pentecostali e i carismatici percepiscono la guarigione come una "guarigione divina", che ha da fare con la 'cura fisica'. Si tratta di un intervento divino che comporta la cura della malattia fisica di una persona. [48] I Pentecostali accettano il concetto della "guarigione divina", ma contestano la guarigione multidimensionale proposta da WCC, che pare ignorare l'aspetto di un "intervento miracoloso" ma dare maggiore priorità alla 'guarigione medica'. [49] Per alcuni pentecostali, considerare il concetto di guarigione solo come guarigione medica contraddice la posizione assunta nel documento *La guarigione nella missione della Chiesa.* [50]

In realtà, la guarigione non può essere ridotta alla sola dimensione dell'assistenza medica o sanitaria. Così,

> ... Sebbene l'"industria della salute' stia producendo e utilizzando tecnologie sempre più sofisticate e costose, è sempre più evidente che la maggior parte dei problemi di salute del mondo non può essere affrontata al meglio in questo modo ... È un fatto risaputo che la prima causa di malattie nel mondo è la povertà, che è in definitiva il risultato dell'oppressione, dello sfruttamento e della guerra. Fornire vaccinazioni, medicinali, e perfino l'educazione alla salute con

metodi standard non può migliorare in modo significativo la sofferenza dalla povertà .... [51]

Pertanto, la guarigione non implica solo il trattamento della malattia, ma anche trovarne le cause scatenanti. Ignorare tali cause di fondo e concentrarsi solo sul risultato può comportare il rischio di un'analisi superficiale. Sono proprio quelle cause profonde che distruggono la persona umana che ha bisogno di guarigione. L'essere umano può essere afflitto dalle ingiustizie sociali, da abuso di potere e da cattivo uso del potere. [52] Per risanare lo stesso essere umano si devono considerare molti aspetti non solo per curare la malattia che si manifesta in lui. In realtà, ci sono molte dimensioni nella guarigione tra cui, quella fisica, mentale, sociale e spirituale [53] La mancata comprensione della guarigione nelle sue prospettive diversificate ha causato vari problemi tra le confessioni cristiane in cui un gruppo enfatizza un aspetto della guarigione, mentre l'altro ne sottolinea uno diverso. Questo lascia l'intera questione non sviluppata in modo coordinato. [54] Tuttavia,

> ... La Guarigione in tutte le sue dimensioni deve prevedere una visione integrativa olistica. La guarigione viene da Dio. Dio possiede una varietà di mezzi o di approcci a risanare. Essi devono essere utilizzati insieme in una proposta di guarigione. La guarigione cioè deve essere intesa non solo nel senso individualistico del termine ma anche in modo unitario, cioè negli aspetti socio-politici ed economici, [55]

I diversi atteggiamenti risanatori devono essere utilizzati insieme per ottenere un concetto multidimensionale di guarigione. Vediamo ora i diversi modi nei quali potrebbe essere interpretata l'unica parola 'guarigione'.

1.3.1. Il concetto di "guarigione", in riferimento a coloro che convivono con problemi di salute e ai disabili.

Si è osservato come alcune persone che cercano l'intervento di Dio nella malattia si siano ritrovate ancora non risanate dopo la preghiera o la somministrazione di farmaci[56] Ci sono altri che sono disabili e che non sono stati sanati nemmeno dopo aver partecipato a molte sedute di guarigione in ministeri di preghiera, mentre altri sono stati sanati dopo averli frequentati. Come si può spiegare il concetto di guarigione che viene da Dio a chi resta non sanato dopo tanti sforzi? È accettato da tutti che ogni guarigione viene da Dio, come indicato nella conferenza di Tübingen nel 1964. Tuttavia, GM Nalunnakkal osserva: "si crede all'idea che Dio a volte scelga di non sanare,[57] ... riflessioni su queste ed altre questioni hanno portato ad una teologia più delicata della guarigione ... "[58] In questi casi, la cura può non essere possibile, ma si può ottenere la guarigione come volontà di Dio di concedere la grazia a certe persone rendendole capaci di convivere con la disabilità e la malattia, anche quando il loro pieno recupero non è imminente. In tali circostanze, la grazia di Dio è sufficiente per queste persone. [59]

Quindi, il concetto di "guarigione" da questo punto di vista può essere considerato non meramente come una cura fisica ma piuttosto come "una guarigione interiore" che dà alle persone nuova forza, vitalità e coraggio per la loro vita, e consente loro di accettare le proprie disabilità fisiche o handicap, di farvi fronte in modo costruttivo e vederle in una nuova prospettiva, consapevoli di essere al sicuro nelle mani di Dio ". [60] San Paolo, per esempio, considerando la guarigione da questo punto di vista ha espresso la sua fiducia nel Signore, dicendo: 'Quando sono debole è allora che sono forte' (2 Colr 12, 10). La Guarigione in questo senso è un processo attraverso il quale Dio rigenera una persona malata o disabile perché possa condurre una 'vita normale', anche quando essa non è risanata dopo l'intervento di Dio. La grazia di Dio che consente di far fronte alle disabilità o alle malattie si rivela come un miracolo in sé stessa. Essa manifesta il mistero di Dio che riporta alcuni in piena salute e aiuta altri a realizzare tutte quelle attività che solo coloro che sono completamente in salute possono fare. [61]

Questa interpretazione più ampia di guarigione è importante soprattutto al giorno d'oggi con la presenza di malattie come HIV / AIDS, in cui le prospettive di cura sembrano essere minime. [62]Se non riusciamo a capire la guarigione da questa prospettiva multidimensionale, coloro che vivono nella malattia e i disabili non possono ritrovarsi all'interno di una definizione ristretta di guarigione intesa solo come cura. Se non trovano un significato al concetto di guarigione nelle loro vite, essi possono sentirsi abbandonati da Dio. Pertanto, i servizi di sanitari non dovrebbero essere solo dei luoghi dove si applica la cura, ma anche luoghi dove le persone imparano ad affrontare la propria situazione in modo nuovo. [63] C'è bisogno urgente di cambiare quella visione del mondo che presenta la sofferenza e la malattia sempre come conseguenza del peccato. Questo punto di vista sta facendo soltanto peggiorare una situazione già brutta di suo. [64] Guarigione o salute non significa in primo luogo assenza di malattia o di disabilità. Parlare di assenza di malattia conduce all'idea di cura, ma la guarigione che è un concetto più vasto della cura, abbraccia la dimensione spirituale-religiosa così come le dimensioni socio-ecologiche. [65]

1.3.2. La guarigione delle visioni del mondo come un aspetto del concetto di "guarigione"

Analizzando il tema della Conferenza missionaria mondiale tenuta ad Atene nel 2005, Michael Kinnamon osserva,

> L'idea della guarigione è ovviamente cruciale per le società devastate dall'AIDS. Ma che cosa dire della mia nazione, gli Stati Uniti d'America? Molti cristiani ecumenicamente impegnati nel mio ambiente sentono una chiamata, una responsabilità ad affrontare un governo deciso a

rispondere con le armi alle minacce percepite... Apparentemente non curante di fronte al costo umano delle sue decisioni, una società schiava dell'idolatria del consumo. Io ho lasciato Atene chiedendomi: La riconciliazione e la guarigione sono il giusto paradigma della nostra missione? [66]

Guardando a questa reazione, ci rendiamo conto di molte cose inerenti la giusta interpretazione del concetto di guarigione. La prima frase mostra un'interpretazione unica del concetto. Sostenere che l'idea della guarigione è necessaria solo per le società devastate dall'Aids significa che si intende esclusivamente come cura fisica. In questo caso, la guarigione esclude ogni altra dimensione se non un programma di mera assistenza sanitaria. Per questo motivo, l'autore ha lasciato la conferenza ancora nel dubbio se la guarigione e la riconciliazione rappresentino il giusto paradigma per la sua nazione, gli Stati Uniti. La sua preoccupazione era quella di fronteggiare il governo sui programmi relativi alle spese di guerra. Tuttavia, non è riuscito a capire che perfino la sua preoccupazione per la politica del governo della sua nazione era un aspetto della guarigione. Guarigione non è soltanto da intendere in termini di cura della malattia fisica, ma in termini di correzione della visione negativa del mondo dilagante nella sua società. Anche questo fa parte del ministero di guarigione della Chiesa. La sua reazione potrebbe essere stata causata dal modo in cui il concetto di guarigione è stato presentato in occasione della conferenza di Atene.

Reagendo alle presentazioni illustrate nella Conferenza missionaria di Atene del 2005, Namsoon Kang osserva,

> ... Dopo aver ascoltato i discorsi sulla guarigione sia nella sessione plenaria che nelle varie sessioni, vi è in molte chiese una forte tendenza a percepire la guarigione e la riconciliazione come una questione individuale. [67]

Considerare la guarigione come un fatto individuale implica guardare le persone che stanno male con la preoccupazione di come curarle senza andare a correggere i sistemi sociali che creano la malattia. Tuttavia, "la guarigione e la riconciliazione non sono solo questioni individuali, ma anche sociali." [68] È necessario comprendere ed esaminare ciò che ha bisogno di essere sanato. Se così non fosse, si può intraprendere il cammino della guarigione in modo marginale, mentre la guarigione effettiva che è necessario compiere rimane incompleta. Su questo, Kang osserva,

> Se non si parla abbastanza di ciò che è da risanare e da riconciliare nel nostro contesto specifico, e del perché questo accade, la conferenza sulla missione rimarrà un altro luogo di mera produzione di chiacchiere ... senza sapere che cosa è importante sanare e riconciliare, e senza sapere perché queste cose accadono, ne consegue che il nostro annuncio

in favore della guarigione e della riconciliazione diventerebbe solo un atto astratto. [69]

Scoprire perché le cose accadono e correggerle fin dalla radice è l'aspetto essenziale della guarigione. "La guarigione non può essere scollegata dalle organizzazioni strutturali delle nostre società". [70] Sono questi meccanismi strutturali presenti nelle società che creano la povertà artificiale e che rendono le persone malate e quindi bisognose di essere sanate. "La salute non è in primo luogo un fatto medico ... le cause della malattia in tutto il mondo sono sociali, economiche, politiche, e spirituali, quanto bio-mediche. La povertà è la prima causa di malattia in molte parti del mondo ". [71] Poiché la povertà è la prima causa di malattia, impegnarsi nella missione di guarigione implica affrontare le visioni del mondo che mantengono le persone perennemente in povertà. Parlare di guarigione comporta quindi, "l'analisi della situazione, che colleghi la salute alle più grandi realtà socio-economiche e che, in risposta, favorisca l'evoluzione di un approccio sistematico e socialmente rilevante ..." [72] Parlando alla sessione plenaria conclusiva della Conferenza di Atene, il Prof. Namsoom Kang ha espresso un esplicito e chiaro collegamento con l'idea di individuare le cause alla radice della malattia. Pertanto, non è sufficiente discutere il problema dell'HIV / AIDS; è più importante capire perché alcune persone si ammalano di AIDS, mentre altri invece no, cioè conoscere il motivo per cui alcuni possono permettersi i farmaci anti-retrovirali, mentre altri non possono. Perché i farmaci sono così costosi? [73] Sanare nel vero senso del termine, significa andare più in profondità, non solo rimanere su un piano superficiale. [74]

Ciò richiede un approccio più globale e socialmente rilevante alla guarigione. "È inutile preoccuparsi di epidemie come l'HIV / AIDS, quando i problemi più grandi rimangono irrisolti." [75] I problemi più grandi possono essere interpretati come le visioni del mondo e dei suoi meccanismi che rendono le persone povere e le espongono alle malattie. Invece di affrontare e risolvere queste questioni ottenendo in tal modo una strategia di guarigione globale e fondamentale, le Chiese sembrano adottare verso la guarigione un approccio basato sulla pietà/carità. Reagendo al flagello dell'HIV / AIDS in Africa, Michael Kinnamon sostiene che "Se l'HIV / AIDS sta uccidendo i nostri fratelli e sorelle in Africa, allora i cristiani in Europa e Nord America hanno la responsabilità sociale di esercitare pressioni sui loro governi e società per fornire farmaci a prezzi bassi". [76] Tale atteggiamento di pietà / carità nei confronti della guarigione ha portato alla scelta di immagini di pazienti affetti da HIV / AIDS sulla prima pagina della lettera circolare del congresso. Erano immagini di poveri neri Africani. Alcuni partecipanti hanno espresso indignazione per queste immagini, altri hanno osservato con dolore "Così, anche durante una conferenza sulla "guarigione e riconciliazione ", gli africani non possono evitare di essere mostrati con queste immagini pietose." [77]

Le Chiese hanno bisogno di andare oltre il livello di pietà e di carità per quanto riguarda la guarigione [78] siccome un approccio orientato alla carità verso la guarigione e la riconciliazione non si pone la domanda sulla questione fondamentale "del perché delle cose." [79] Quelle immagini devono essere state utilizzate per attirare la pietà e suscitare la carità. Si tratta di un atteggiamento molto caritatevole, ma incapace di affrontare la causa di fondo del problema. Ci sono alcune domande di base che devono essere poste ed affrontate. È solo rispondendo concretamente a queste domande che può iniziare una vera guarigione. Queste domande sono: Perché gli africani non sono in grado di procurarsi da soli questi farmaci come gli altri popoli? Quali sono le politiche socio-economiche globali che li hanno impoveriti e ancora li impoveriscono a tal punto da renderli sempre dipendenti dagli altri? In che modo le Chiese possono aiutare a risolvere e correggere queste visioni del mondo?

Secondo Namsoon Kang, occorre intraprendere il cammino di una guarigione reale e non solo una guarigione basata sulla carità,

Abbiamo bisogno di affinare e ampliare la nostra comprensione delle realtà, dell'ingiustizia, della violenza, del conflitto, della guerra, dell'oppressione e del dominio, e capire quali nostre complicità nel regno delle diverse forme di ingiustizie hanno creato cicatrici, ferite, voragini, e scismi che hanno bisogno di esigenza cura e riconciliazione. [80]

In altre parole, la guarigione in questo senso implica l'analisi e il riferimento ai sistemi sociali, alle visioni del mondo, alla pratica concreta di quelle ingiustizie che tengono le persone in schiavitù. Fare ciò e indicare piani concreti per porre rimedio alle situazioni può essere molto più importante che tenere lunghi discorsi sulla guarigione e sulla riconciliazione. Nella prassi del ministero di guarigione nella Chiesa, Namsoon Kang invoca l'uso di entrambe le vie della guarigione e della riconciliazione individuale e sociale. Le Chiese applicano spesso quella individuale e trascurano l'aspetto sociale. Ad esempio, i cristiani sono molto sensibili ai modi individuali di rubare, ma sembrano troppo insensibili ai modi sociali di rubare. [81] I furti sociali sono praticati in un contesto di "globalizzazione, neo-imperialismo, neo-colonialismo, diritto della proprietà intellettuale o dei brevetti internazionali - tutto questo sotto la protezione del Nuovo Impero. " [82]

Un compromesso con la giustizia è un modo indiretto di appoggiare modi sociali di furto, ed implica unatteggiamento che ignora i modi sociali della guarigione. Karen Lebacqz ci offre una confessione dolorosa del suo compromesso con la giustizia, come segue:

Ogni giorno la mia prima tazza di caffè rappresenta una decisione di accettare i benefici di pratiche di lavoro ingiuste imposte nel cosiddetto terzo mondo. La casa che possiedo poggia sulla terra che apparteneva un tempo ai popoli nativi americani che sono stati cacciati via, perseguitati, e distrutti dai colonizzatori europei. La camicia di cotone che indosso è memoria costante della storia della schiavitù negli Stati Uniti che ha trasformato il cotone in un "re" e ha riempito di denaro le tasche della gente bianca a scapito della vita delle persone nere ... Ogni mio respiro è un compromesso con la giustizia. [83]

Noi non possiamo parlare di guarigione multidimensionale o di guarigione sociale, se questioni come queste esistono ancora oggi e se noi rimaniamo insensibili ad esse. Un contadino thailandese presenta lo stesso problema da un'altra prospettiva:

> Vedete, ci sono due modi di rubare: il modo individuale e il modo sociale. Ad esempio, se vado a casa di Juan Mang una notte ... e prendo varie cose che non sono mie, che cosa sto facendo? Sto rubando ... Questo è il modo individuale di rubare ... Ma se io sono un proprietario terriero e ho diversi mezzadri e lavoratori a giornata e al momento del raccolto non elargisco loro la quota giusta o il giusto salario; in altre parole, non fornisco loro ciò che è loro dovuto in quanto esseri umani ... Se faccio questo, prendendo ciò che è dovuto a loro come esseri umani ... Se faccio questo, cioè prendendo ciò che non è mio, allora cosa sto facendo? ... Questo è il modo sociale di rubare. Il più delle volte, questo modo sociale è emerso dalla legge, o almeno accettato dalla società. [84]

Queste due citazioni ci indicano alcune pratiche di ingiustizia nella forma del furto sociale che richiedono un percorso di guarigione sociale. Tali pratiche sono ancora comuni nel mondo di oggi. La prima citazione parla dell'accettare vantaggi da pratiche di lavoro ingiuste effettuate nel cosi-ddetto terzo mondo». La seconda fa riferimento al 'dare ai lavoratori ciò che è loro dovuto in quanto esseri umani». Sono questi sistemi ingiusti che tengono le persone perennemente povere e le predispongono alla malattia. Intraprendere un percorso di guarigione multidimensionale significa in primo luogo affrontare questi sistemi oppressivi per correggere e sanare queste visioni del mondo dominanti. Namsoon Kang esprime così questo concetto:

> Un passo cruciale verso la guarigione e la riconciliazione come missione è... rifiutarsi di consentire a coloro che sono al potere di definire la realtà, di definire ciò che è giusto e sbagliato, di definire chi è superiore e chi è inferiore, di definire chi è incluso ed escluso dalla corrente dominante ... quindi, compito essenziale della missione cristiana oggi è quello di discernere ciò che si deve rifiutare, non solo a livello personale, ma anche sociale e non solo a livello locale ma anche a livello globale. Tutto ciò richiede una profonda sensibilità per l'ingiustizia in tutte le sue forme. A questo proposito, uno dei compiti più importanti della missione cristiana è ripudiare le visioni del mondo dei potenti ... la missione cristiana deve essere accompagnata dalla giustizia, e la giustizia comincia con il rifiuto della ingiustizia in tutte le forme presenti nell'esperienza

vissuta dagli emarginati nelle Chiese e nelle comunità locali e globali. [85]

Rifiutare, correggere e sanare le visioni del mondo negative che tengono le persone in condizioni di povertà perpetua è un aspetto fondamentale del ministero cristiano di guarigione. Si tratta di risanare nel suo senso più ampio e diversificato:

> La guarigione olistica e la riconciliazione non sono così semplici come possono sembrare. Esse ci impongono di confrontarci e lottare ferocemente contro le dure realtà del dominio, dell'oppressione, dell'esclusione e della manipolazione esercitate da chi è al potere in tutti gli ambiti ... culturali, sociali, economici, politici, religiosi .... e di riconoscere con dolore e pentirci per la nostra complicità in tutte le situazioni di ingiustizia. [86]

Risanare in quest'ottica significa essere in grado di riunirsi con il proprio dovere per quanto riguarda la dimensione collettiva e strutturale della giustizia e vederla come una dimensione essenziale della nostra testimonianza cristiana. Richiede una forte sensibilità verso la realtà della povertà e della sofferenza. [87] Essere sensibili alla realtà della povertà non significa solo raccogliere cibo da dare a coloro che hanno fame, ma operare perché costoro non debbano continuare ad essere affamati. Essere sensibili alla realtà della povertà e della sofferenza implica porsi la domanda di fondo sulla giustizia e sul perché la gente debba soffrire senza alcuna giustificazione. "Molte persone soffrono inutilmente. A volte sembra che alcune persone nascano senza alcuna altra scelta, se non soffrire. "[88] La guarigione in questo senso implica la capacità di guardare alle politiche internazionali, all'economia e alle leggi vigenti in modo da essere in grado di sapere che cosa rifiutare nella nostra missione cristiana.[89] Nel momento in cui le persone vengono impoverite e i ricchi diventano sempre più ricchi a spese dei poveri, la Chiesa deve alzare la sua voce e deve stare dalla parte della giustizia, dei poveri e degli emarginati.[90] Questo è parte integrante del ministero di guarigione della Chiesa. La guarigione non implica quindi solo fornire farmaci a coloro che sono malati o pregare per loro. Occorre approfondire e scoprire perché alcune persone c malate possono permettersi di comprare le medicine, mentre altre non possono. Il concetto può essere inteso come 'fede/guarigione miracolosa'.

1.3.3. Interpretazione di 'Guarigione' nella Prospettiva di 'Fede / Guarigione Miracolosa'

Tra in pentecostali e i Cristiani Carismatici, la parola 'Guarigione' viene facilmente associata a 'segni e prodigi', intervento Divino e liberazione miracolosa, implicando una guarigione miracolosa del malato grazie all'intervento divino. In questo senso viene anche detta 'guarigione per fede'. Secondo Allan Anderson, "I Pentecostali credono che il dono dello Spirito dia la capacità di compiere 'segni e prodigi' nel nome di Gesù Cristo."[91] Quindi in quest'ottica, la guarigione implica il fare ciò che Lui faceva

(Gesù Cristo). Ripercorrendo le scritture, Gesù stesso è considerato un guaritore, tuttavia egli non permette che lo si consideri solo per la sua capacità di guarire infermità fisiche.[92] Non solo Gesù guarì i malati, ma ordinò anche ai suoi discepoli di fare lo stesso. "Andate and predicate a tutte le nazioni – il regno di è vicino. Guarite i malati, risuscitate i morti, scacciate i demoni." (Mt. 10:7ss). Quindi, stando alle scritture, il compito della guarigione miracolosa è fase integrante dell'impegno missionario della chiesa.[93] I partecipanti al convegno del WCC su 'fede guarigione e missione' tenuto in Ghana nel 2002, chiarirono questo punto dicendo: "Noi tutti crediamo nella realtà della guarigione divina e nel suo essere parte della proclamazione del vangelo e della missione della chiesa."[94] In realtà "il dono della guarigione e il potere dei miracoli (1Cor. 12, 9-10) è stato presente nella chiesa fin dai suoi albori (Mc 16, 20; At 2, 43)."[95] Secondo uno dei recenti studi sulla guarigione, condotto per conto della chiesa d'Inghilterra da un gruppo di lavoro incaricato dalla casa dei vescovi, la guarigione può essere considerata come un

Processo verso la salute e l'armonia... comprende tutto ciò che Dio ha realizzato per gli uomini attraverso l'incarnazione di Gesù Cristo... i doni di guarigione di Dio sono in rari casi sperimentati in modo istantaneo o rapido, ma nella maggior parte dei casi la guarigione è un processo graduale che richiede tempo per portare un profondo ristabilirsi.[96]

La guarigione divina è in stretta relazione con la proclamazione del vangelo. L'intervento divino attraverso la guarigione rende credibile il vangelo, rende vivo e presente il Dio annunciato nelle parole. Così, "la guarigione mostra e convalida la parola predicata senza che ci sia intento deliberato per questo."[97] In altre parole, la guarigione si porrebbe come un criterio concreto ed eccezionale per la credibilità della parola proclamata. La guarigione rende vive nell'azione le parole pronunciate dalla bocca, rappresenta l'aspetto sperimentale della buona novella.[98] Vedere i malati ristabilirsi grazie alla preghiera e all'imposizione delle mani, porta alcuni ad una fede forte e profonda nel Dio che risana. Porta a tale fede perché rende presente Dio. Non solo essi sentono dire che Dio guarisce, ma vedono che ciò avviene.[99] La guarigione per fede è un intervento divino nella storia umana, è un processo attraverso cui Dio restituisce la salute agli infermi, è un aspetto dell'interpretazione del concetto di guarigione. Tuttavia, il concetto di guarigione è molto ampio.

La guarigione per fede è una pratica ben accolta tra i Cristiani, ma và considerata con cautela. La pratica di guarigione non ha bisogno di un carattere straodinario o soprannaturale. L'unico criterio è verificare se una particolare pratica di guarigione sta liberando le persone o no. La guarigione per fede è uno dei doni dello Spirito Santo e non si dovrebbe permettere che la sua pratica scaturisse in un atteggiamento ostile nei confronti degli altri.[100] Nella pratica della guarigione per fede, se non si pone attenzione a mantenere franchezza, il male che si può fare è immenso. Il motivo è che molti Cristiani si affollano nei luoghi in cui si praticano guarigioni senza sapere se tali pratiche sono autentiche o no.[101] Coloro che si impegnano nella guarigione per fede devono accettare il fatto che essa abbia modi di attuarsi che vanno al di là della sola guarigione spirituale.[102]

Se non si riesce a capire questo, il concetto di guarigione diventa molto superficiale e unidirezionale. Per esempio, G.M. Nalunnakkal osserva che "una delle lacune nell'interpretazione del concetto di guarigione dei Pentecostali è che essa tende ad adottare un atteggiamento piuttosto negativo nei confronti dell'uso della medicina, che viene interpretato come un segno di poca profondità della fiducia nella potenza guaritrice di Dio."[103] Tutte le ramificazioni del guarire formano il concetto multidimensionale di guarigione, l'una include l'altra. Dio guarisce in modi diversi, usando metodi diversi. La guarigione può essere intesa anche come assistenza sanitaria o cura (medica).

1.3.4. Interpretazione della "Guarigione" all'interno di un programma di assistenza sanitaria

La guarigione di fede non si oppone e non dovrebbe opporsi, alla guarigione per mezzo della medicina. Quindi, "l'imposizione delle mani e l'unzione con l'olio funzionano, ma non vanno 'assolutizzati' e separati da altri metodi terapeutici, compresi quelle che usano fermaci e psicoterapia."[104] Nelle diverse consultazioni regionali fatte dalla Commissione

Medica Cristiana, si è scoperto che i membri di alcune Chiese erano attivamente impegnati nel guarire attraverso pratiche come l'imposizione delle mani, la preghiera, l'unzione dei malati con olio, il prendersi cura delle persone fornendo cibo, visitando i malati a casa e negli ospedali. La commissione raccomandò che le suddette buone abitudini non si ponessero in opposizione alla scienza medica ed indicò alcune pratiche che potevano aiutare a guarire: la medicina scientifica, la medicina tradizionale, forme alternative di medicina, preghiera, meditazione e liturgia.[105] L'uso della medicina non è in contrasto con il programma di guarigione di Dio. La guarigione a questo proposito potrebbe essere intesa come un processo attraverso cui ci si ristabilisce gradualmente anche con la somministrazione di farmaci. Sebbene non si possa trascurare il ruolo della medicina nel campo della guarigione, non si può tuttavia affermare che la guarigione o la salute ruotino esclusivamente intorno a questioni mediche. Quindi,

> ... la salute non è principalmente medica...la maggior parte dei problemi di salute nel mondo non si possono affrontare con l'industria farmaceutica sebbene sempre in continuo progresso... le cause delle malattie sono socio-economiche e spirituali quanto bio-mediche...[106]

Dal momento che le cause della malattia o dei disagi includono questioni socio-economiche, ciò implica che la discussione sulla guarigione o sulla salute comprenda l'andare alla radice del problema e alle cause piuttosto che fermarsi ai sintomi. Per questo è necessaria una guarigione delle visioni del mondo che tratteremo tra breve. Da un'altra prospettiva, guarire non significa solo ristabilirsi o curare una malattia. Se fosse così, come potrebbe il concetto di guarigione essere significativo per coloro che convivono con la malattia o la disabilità? Guarire è ben più che ristabilirsi grazie alla medicina. Nella dimensione spirituale/religiosa si può comprendere la salvezza come guarigione.

1.3.5. Guarigione come Salvezza

Il nostro intento qui è scoprire il legame tra "guarigione come salvezza" e "salvezza come guarigione" e quale tra le due espressioni ha dato origine all'altra. In altre parole, "salvezza come guarigione" precede "guarigione come salvezza" o viceversa? Il concetto di salvezza è considerato come una guarigione dell'umanità ferita. Ogni atto di guarigione è considerato anche come la realizzazione della salvezza portata nel mondo attraverso l'incarnazione. Quindi "salvezza come guarigione" è precedente a "guarigione come espressione della salvezza". Così, la guarigione affonda le sue radici nella salvezza e ad essa risale. La salvezza in questo senso è "un processo di guarigione e riconciliazione dell'umanità con Dio, uni con gli altri, e con tutta la creazione."[107] La guarigione in questo modo è intesa in senso integrale, completo – fisica e spirituale. La vita liturgica e la sacrementale della chiesa è essenzialmente interpretata come un atto di guarigione. Il nostro Signore Gesù Cristo ha portato a compimento la guarigione dell'umanità e la chiesa, attraverso la sua azione liturgica e sacramentale, rende presente questa guarigione.[108]

La guarigione viene considerata anche come salvezza. Ogni atto di guarigione è una rivelazione dell'azione salvifica che Dio ha compiuto per l'umanità. Per esempio, i segni e i prodigi che comprendono la guarigione e la riconciliazione dovrebbero essere considerati come elementi che sgorgano dalla salvezza e che offrono anche una visione globale e completa detta olistica.[109]

"Nella teologia ortodossa "guarigione è quasi sinonimo di salvezza".[110] La guarigione in questo senso è un sacramento; ogni sacramento, quindi, diventa un mezzo di guarigione, inteso non in senso personalistico, ma come evento comunitario. Per esempio, il sacramento dell'unzione, così come è contenuto nella lunga liturgia della tradizione ortodossa, non coinvolge solo la persona malata, ma tutti i presenti. Ogni persona presente riceve l'unzione con l'olio santo di guarigione. Ciò nella convinzione che il peccato e la malattia di una persona inferma affondino le radici nel peccato e nell'infermità di tutta la comunità, e che quindi è essa stessa bisognosa di guarigione.[111]

Considerando la guarigione come salvezza, questa salvezza indica più l'escatologia o la rivelazione? Alcuni sostengono che la guarigione sia più un atto di rivelazione di Dio, quindi più vicina alla rivelazione che all'escatologia. Essa rivela la salvezza che sperimentiamo ora perché il Regno di Dio è già in mezzo a noi, piuttosto che la salvezza che avremo alla fine dei tempi—escatologia. "La guarigione è una dimostrazione del Regno di Dio"[112] Quindi, Teresa Rossi sostiene che "Quando diciamo 'Dio ti guarirà', stiamo annunciando la buona novella della guarigione e nello stesso tempo aggiungendo nuove condizioni alla conoscenza di Dio. Siamo nel cuore della rivelazione."[113] I segni di guarigione sono uno dei modi concreti per far conoscere la verità della parola di Dio predicata nella comunità di fedeli. In questo modo, non si può dire che la guarigione appartenga all'economia della salvezza finale cioè all'escatologia o resurrezione. Essa appartiene piuttosto all'economia della "carne risanata". Non solo si avvicina di più alla rivelazione, ma è il sigillo stesso della redenzione.[114]

Christopher H. Grundmann è del parare che "la guarigione abbia una certa qualità rivelatoria, cioè serva per rivelare."[115] La salvezza può essere un concetto troppo ampio e misterioso da comprendere. I segni di guarigione possono, perciò essere mezzi per manifestare la verità della parola di Dio e rendere più concreto il concetto di salvezza.[116] La guarigione con i suoi segni e prodigi conferma la predicazione della buona novella della salvezza. Essa è una struttura che aiuta la mente umana a dar forma al concetto di Dio e di salvezza. Quindi la guarigione nell'economia della salvezza sembrerebbe tendere più alla rivelazione che all'escatologia, cioè la rivelazione potrebbe essere in concetto chiave nella comprensione della guarigione.[117] Le guarigioni compiute da Gesù sono segni concreti della presenza di Dio che dimostrano che "il regno di Dio è vicino".[118] Dunque, la guarigione può essere d'aiuto per coloro che stanno cercando la fede diventando una realizzazione della speranza. La speranza soddisfatta prepara ad una nuova guarigione.[119]

Sebbene alcuni teologi considerino 'salvezza come sinonimo di guarigione', Klaus Schaefer pare sostenere che salvezza e guarigione non siano precisamente identiche, nonostante entrambe appartengano alla prospettiva Cristiana.[120] Citando Christopher Grundmann, egli afferma che,

> La guarigione è senza dubbio un fenomeno umano universale e generale che si può verificare in qualsiasi luogo e in qualsiasi momento, sebbene non venga concessa a tutti coloro che la richiedono e a chi la desidera più ardentemente, mentre la salvezza che offre il vangelo è per tutti gli uomini non solo potenzialmente ma concretamente.[121]

Sviluppando ulteriormente il suo pensiero, egli sostiene che è possibile sperimentare la salvezza anche laddove la guarigione non potrebbe realizzarsi. Egli non manca inoltre di indicare come in realtà non si possa mettere in contrasto la regalità della salvezza e quella della guarigione.[122] Tuttavia, il suo punto di vista sembra essere leggermente diverso rispetto a quelli analizzati in precedenza. Se Schaefer sostiene che si può essere salvati senza essere guariti, allora come si può conciliare questo con la concezione della salvezza come guarigione ontologica? Un'esperienza di salvezza è già un'implicita esperienza di guarigione. Occorre distinguere tra guarigione e cura. Chi è salvato è già guarito, ma non tutti i salvati possono ottenere la cura dell'infermità fisica o della disabilità. Il concetto di guarigione ha ulteriori significati; la guarigione ha a che fare anche con l'ecologia.

1.3.6. Il concetto di guarigione e la dimensione ecologica

Il concetto di guarigione ha assunto una nuova e più ampia interpretazione che coinvolge l'ecologia. La guarigione, sotto quest'aspetto, ha una dimensione cosmica. La nuova consapevolezza ecologica ha dato origine a una nuova interpretazione della guarigione nelle sue dimensioni terrene. La guarigione dovrebbe essere percepita come "un processo che riporta gli esseri umani all'armonia originale tra umanità e creato."[123] Occorre una sfida tra le implicazioni della missione e la sua relazione con la natura.[124] Questa richiesta diventa necessaria dal momento che il nostro concetto di guarigione può essere inteso senza alcuna implicazione ecologica. Tuttavia non bisogna pensare che la riconciliazione e la guarigione siano esperienze limitate alle relazioni distrutte tra esseri umani, ma devono allargarsi ai casi di rottura di relazione tra l'umanità e il creato quando l'ordine naturale è stato messo a repentaglio.[125] La guarigione a questo riguardo, implica un processo che impedisca ogni distruzione della capacità della terra di sostenere la vita e consentire la giustizia. Guarire qui indica un nuovo stile di vita per quel che riguarda il nostro prossimo e la terra.[126]

L'esigenza di questo nuovo stile di vita è davvero urgente. È necessario a causa dell'impatto del cambiamento climatico causato dall'uomo che comporta il deterioramento dell'ambiente naturale e della salute globale. Pericoli come la deforestazione hanno effetti a lungo termine sugli esseri umani. Malattie come il cancro sono il risultato dell'alterazione del sistema ecologico.[127] Guarire non significa solo produrre farmaci per curare le malattie, ma correggere le cause di fondo. Questo è ciò che significa guarire nella sua dimensione ecologica.

Quindi c'è una crescente consapevolezza del legame tra ecologia e salute. Ci sono fattori ecologici che determinano la salute: l'acqua pulita, l'aria, la sicurezza nei luoghi in cui si vive, ecc. Ogni volta che uno di questi fattori viene distorto la salute dell'umanità è messa in pericolo.[128] Questo è uno dei modi per interpretare la guarigione, ma ancora non esaurisce il concetto.

1.3.7. La "Guarigione delle memorie" all'interno del concetto di guarigione

Durante la presentazione del discorso di benvenuto alla conferenza del WCC su Missione Mondiale ed Evangelizzazione di Atene nel 2005, l'arcivescovo Christodoulus tra l'altro affermò:

Le ferite storiche fra chiese, nazioni, piccole comunità e perfino famiglie, vanno curate con spirito di umiltà e guarigione cercando di guarire e riconciliare le persone per guardare al futuro. Questo è ancora più urgente ora...[129]

Questo è un richiamo alla guarigione delle memorie come parte del concetto di guarigione. La suddetta conferenza s'incentrò su guarigione e riconciliazione fin dalla didascalia "Vieni Santo Spirito, Guarisci e Riconcilia". L'arcivescovo, perciò ricordò ai partecipanti la loro chiamata ad essere ministri di guarigione e riconciliazione, compreso il guarire la memoria.[130] La guarigione delle memorie come l'arcivescovo esponeva sopra, può essere considerata da molte prospettive. Potrebbe essere a livello socio-politico, a livello religioso, a livello di confessione Cristiana, perfino a livello familiare o individuale. Una questione importante, comunque è che essa è parte della guarigione ed è urgente nella nostra società oggi. Se il guarire la memoria delle ferite del passato non diventa parte della missione della Chiesa e del concetto stesso di guarigione, gli sforzi di Ecumenismo tra i Cristiani saranno più illusori, come pure sarà più difficile realizzare anche le altre dimensioni di guarigione. Nel 2005, mentre era in corso ad Aghioes Andreas la conferenza del WCC su Missione ed Evangelizzazione, in un altro punto di Atene fu organizzata una contro-conferenza. Non solo, alcuni professori di Teologia vi parteciparono e molta gente in Grecia la lodò ritenendola la vera espressione della loro 'ortodossia'.[131] Essa non esprimeva semplicemente la loro ortodossia, era una manifestazione del loro risentimento per le ferite passate. Proprio per curare questo risentimento per le ferite del passato è necessario che la guarigione delle memorie sia di fatto parte del concetto di 'Ministero Cristiano di Guarigione'. La conferenza del WCC di Atene si esprime così:

> Quando le chiese Cristiane parlano del ministero di guarigione come elemento indispensabile del corpo di Cristo, devono anche affrontare il loro passato e presente… la Chiesa si spacca, rivalità nella missione e proselitismo nell'evangelizzazione… hanno lasciato profonde ferite in molte parti dell'unico corpo di Cristo e continuano ad avere un impatto nocivo sulle relazioni interconfessionali. I Cristiani e le Chiese hanno ancora un gran bisogno di guarigione e di riconciliazione reciproca.[132]

Per ottenere la guarigione delle memorie occorre seguire una procedura;[133] ora ne considereremo alcune. La guarigione delle memorie comincia con il raccontare la verità sul passato ed accettarla.[134] Ciò non implica nascondere la verità sul passato ma raccontarla con amore. Dunque, "L'amore è l'arma segreta che provoca rimorso per i peccati del passato e conduce alla guarigione delle memorie e alla riconciliazione tra le persone che si erano allontanate".[135] L'amore ci aiuta ad essere spezzati, ci dà il coraggio di umiliarci raccontando la verità sul passato, ci aiuta a non insistere sul nostro modo di vedere le cose.[136] La guarigione delle memorie implica assicurarsi che il male del passato non continui nel presente.[137] La guarigione delle memorie tra le Chiese è molto importante per quanto riguarda il ministero di guarigione delle Chiese. Se le Chiese non sono veramente unite non possono portare a compimento efficacemente gli altri aspetti della guarigione. La guarigione delle memorie aiuta le Chiese ad affrontare le loro ferite passate, a perdonarsi a vicenda e a mettersi insieme come un solo corpo nel ministero di guarigione.

Nel frattempo, si deve tener presente che il termine 'guarigione' è diverso da 'curare'.

1.4. "Guarigione" vìs-a-vìs "Cura"

È necessario fare delle distinzioni tra i termini - 'guarigione' e 'cura'. Alcuni studiosi usano i due termini in modi che potrebbero suscitare una certa confusione nella comprensione. Il concetto di guarigione è maggiore di quello di cura, [138] cioè è più ampio. La Guarigione comprende la cura. Nel testo preparatorio no.11 del documento " *La Missione di guarigione nella Chiesa* ", è stata presentata una distinzione tra cura e guarigione. Il paragrafo 33 del documento si esprime così:

> Cura significa il ripristinare la salute perduta e quindi comporta un punto di vista proto-logico. La guarigione si riferisce alla realtà escatologica della vita piena che irrompe attraverso le vicende di Gesù Cristo, il guaritore ferito, il quale partecipa a tutti gli aspetti della sofferenza umana, morte e vita, e vince il turbamento, la sofferenza e la morte attraverso la sua risurrezione. [139]

La guarigione è volta a ripristinare l'armonia umana. Biblicamente questo si realizza nel rapporto con Dio. La guarigione si realizza anche tra i malati e tra coloro che vivono con varie disabilità e restano non sanati completamente. La pratica di presentare la cura fisica come sinonimo di guarigione in qualche teologia carismatica comporta il pericolo di escludere i malati e coloro che vivono con disabilità dal concetto di guarigione. Alcune persone possono essere curate ma non sono guarite (cfr Luca 17: 15-19), mentre altri sono guariti, ma non sono sanati (2 Corinzi 12: 9-12). [140]

Ciò richiede una distinzione tra guarire e curare. Il concetto di guarigione è più di un semplice benessere fisico, è 'il benessere di tutta la persona, corpo, anima e spirito. [141] La cura fisica è parte della guarigione. Il temine guarigione va più in profondità rispetto ala cura fisica. La guarigione può avvenire anche quando la cura fisica non è possibile. Essere guariti quindi, non significa essere in assenza di malattia. "Sperimentare la guarigione non è solo sperimentare la libertà dalla malattia o dai problemi e dalle sofferenze. La guarigione è un segno di ciò che l'Antico Testamento chiama "*shalom*"(pace, salvezza), cioè instaurare il ripristino della giustizia e di relazioni di riconciliazione ora e alla fine dei tempi." [142] La guarigione implica spiegare la rivelazione di Dio che salva. Essa rimanda anche al futuro (l'escatologia) quando ci sarà la salvezza completa e tutto il creato sarà riconciliato con Dio. La guarigione nella sua visione olistica comprende molte dimensioni: spirituale (l'esperienza della presenza di Dio); fisica (lunga vita); mentale (sentirsi bene); missionaria o di servizio (il vivere con e per gli altri); etica/morale (vivere in obbedienza e giustizia). [143] In considerazione di tutte queste dimensioni della guarigione, la WCC formula la definizione di salute nel modo seguente:

> la salute è uno stato dinamico di benessere del singolo e della società; benessere fisico, mentale, spirituale, economico, politico e sociale in armonia tra loro, con l'ambiente materiale e con Dio. [144]

Pertanto, la guarigione o la salute è un fenomeno completo che coinvolge molte cose diverse dalla semplice cura fisica. La cura è un "processo organico volto a rimediare alla malattia", mentre la guarigione è un "processo umano che è connesso con la percezione del benessere della persona, nonché con la comprensione del benessere all'interno della società e della cultura di cui essa fa parte." [145] La guarigione ha a che fare con un'esperienza personale. Si tratta di un'esperienza di armonia, anche in presenza di malattia fisica o di disabilità. Essa è

> un'esperienza intensamente personale, soggettiva, che coinvolge una riconciliazione del significato che un individuo attribuisce agli eventi dolorosi con la propria percezione di armonia nel suo complesso. Si tratta di un'esperienza personale capace di trascendere la sofferenza. [146]

Da quanto esposto sopra, si è visto che il concetto di guarigione è più ampio di quello di cura. Non è soltanto il recupero fisico dalla malattia, ma ovviamente non è escluso dalla guarigione. La missione di guarigione della Chiesa non finisce con la semplice istituzione dei ministeri di preghiera / guarigione per fede. Non implica solo prendersi cura dei malati attraverso programmi di assistenza sanitaria organizzati. Non implica nemmeno vedere la guarigione solo dal punto di vista teologico come salvezza - rivelazione o escatologia. Il concetto di guarigione e la missione di guarigione della Chiesa coinvolgono molti aspetti. Le poche pagine precedenti sono state dedicate a spiegare il concetto di guarigione nelle sue varie dimensioni, come appaiono nelle ultime riflessioni ecumeniche.

Per facilitare una comprensione migliore del concetto di guarigione, è stata anche presentata una distinzione tra i concettti di cura e di guarigione. Questa distinzione aiuta a fare chiarezza. Cioè perché da alcune riflessioni si vede come alcuni studiosi parlino di guarigione come se fosse sinonimo di cura fisica. Da quanto precede, si nota che la guarigione non significa soltanto cura fisica. Pertanto, parlare della missione di guarigione nella Chiesa implica comprendere il concetto di guarigione nel suo senso multidimensionale, ed esplorarlo da tutte le diverse angolature. Partendo da questa breve interpretazione generale del concetto di guarigione, esaminiamo ora il concetto di 'guarigione delle memorie'.

CAPITOLO 2
Le Dimensioni di 'Guarigione delle memorie'

2.0. Introduzione

Il termine 'Guarigione delle memorie' non è usato esclusivamente all'interno di una categoria o disciplina particolare. In realtà, si tratta di un concetto derivato da una radice psicoterapeutica [147] e utilizzato in vari settori come l'ecumenismo, le relazioni interreligiose e la sfera socio-politica. Nell'utilizzo in questi settori, esso ha bisogno di essere adattato.

È importante notare che l'uso di questo termine, non si applica solo a situazioni di traumi passati o reati gravi come l'omicidio o il genocidio, ma anche nel caso in cui un individuo non sia in grado di affrontare il proprio presente a causa di errori del passato che lo mantengono in schiavitù. Esso vale anche nel caso in cui due individui o gruppi non possono relazionarsi bene nel presente a causa di ricordi dolorosi del passato.

Nella guarigione delle memorie, il soggetto è la memoria umana, sia la memoria individuale che quella sociale. Ecco perché è importante iniziare con una piccola spiegazione del concetto di memoria analizzandola. Si studierà un po' l'evoluzione storica. La guarigione delle memorie a volte è intesa come purificazione delle memorie. Sono la stessa cosa o c'è qualche differenza tra i due concetti? Il processo di guarigione delle memorie comporta dimenticare il passato o piuttosto ricordarlo? Per rispondere a queste domande esamineremo il rapporto tra 'Guarire le memorie', ricordare e dimenticare.

2.1. Il concetto di memoria

La Guarigione delle memorie ha a che fare con l'errore, il dolore o il peccato, un errore o dolore che ha avuto luogo nel passato, ma è reso presente dalla memoria dell'individuo. Pertanto, senza memoria, non ci sarebbe trasgressione, che implica anche che non vi sia una guarigione delle memorie. Cioè significa che non si può parlare di guarigione delle memorie senza sapere cosa sia prima di tutto. Il termine 'memoria' si potrebbe interpretare da molte prospettive, ad esempio, ci sono la memoria del computer e molte altre memorie. Questo lavoro si occupa della memoria umana. Tuttavia, esso non intende avere la presunzione di esplorare la memoria umana nei dettagli, dal momento che "la memoria è un argomento molto vasto, e una trattazione completa dovrebbe spaziare dalla psicologia alla filosofia, dalla neurologia alla storia moderna, e dalla zoologia ..." [148] L'intento del nostro lavoro qui è quello di sviluppare un breve studio sul concetto di memoria in modo di poter evidenziare il collegamento tra essa e la guarigione delle memorie.

2.1.1 Un breve excursus sul concetto di Memoria

La memoria è la "più profonda radice ontologica dell'uomo che, collega e mantiene l'unità della personalità, poiché l'"io' umano" è formato non solo dalla sua attuale consapevolezza, ma anche da quelle del passato e del futuro." [149] Essa è 'importante per l'individuo al punto che senza di essa, una persona non sarebbe in grado di parlare, leggere, identificare oggetti, muoversi nel proprio ambiente, o mantenere relazioni personali. In altre parole,

> Facciamo affidamento sulla memoria per eseguire una sorprendente varietà di attività nella nostra vita quotidiana: richiamare le conversazioni con gli amici o ricordare le vacanze in famiglia, ricordare gli appuntamenti e le commissioni che dobbiamo svolgere, richiamare le parole che ci permettono di parlare e di comprendere gli altri, ricordare i cibi che ci piacciono e non ci piacciono, acquisire le conoscenze necessarie per un nuovo lavoro - tutto dipende in un modo o nell'altro dalla memoria . [150]

Di conseguenza, la memoria può essere considerata come la "base dell'identità, quella 'identità o reiterazione che ci guida e ci orienta nel flusso del tempo." [151] Èpersonale e interna ad una persona e eppure senza di essa quella persona non è in grado di svolgere le azioni quotidiane che comprendono riconoscere i volti degli amici o anche solo imparare a camminare; [152] essa serve come base dell'identità non solo a livello individuale, ma anche sul piano sociale. Così, nella realizzazione di un mondo sociale

> ... La memoria serve ... come un potente mezzo per creare e sostenere la coesione sociale. Questa dimensione di coesione sociale della memoria viene mantenuta fortemente in una narrazione costruita del passato che sia condivisa come un'eredità comune o patrimonio di un popolo. [153]

La memoria umana fa tutto questo grazie alla sua capacità di collegare il passato, il presente e il futuro realizzando un'unica identità. Senza collegare il passato e il presente non potremmo fare molto nel presente né nel futuro, dal momento che "la nostra esperienza del presente è incastonata nell' esperienza passata. La memoria rappresenta il passato ed il presente come collegati tra loro e coerenti tra loro ... " [154] Senza questa connessione, diventa impossibile comprendere il significato della vita presente perché "l'assenza di un legame con il passato e con il futuro non permette di definire con precisione e sincerità il presente ", dal momento che," quando esiste soltanto "ora", c'è solo la fretta fugace dell'"ora", nella quale tutte le domande sul "se" rimangono senza risposta." [155] Nel collegare il passato, il presente e il futuro, la memoria serve molto più di una semplice base di partenza a cui siamo fissati, va' oltre per definire il futuro, parla del passato nel presente e verso il futuro. Essa diventa il mezzo grazie al quale "il nostro passato raggiunge il nostro presente ed influenza il nostro futuro." [156]

La memoria tiene collegati il passato, il presente e il futuro e dà loro significato servendo da resistenza ontologica alla potenza della temporalità. Quindi, la memoria è la sola in grado di conoscere il mistero profondo del passato, essa è l'azione dell'eternità nel tempo. Ci sono tre caratteristiche della memoria[157] : primo, essa è singolare o unica–la mia memoria non è la stessa di quella di un'altro; secondo, essa è sempre del passato; terzo, «è alla memoria che sono collegati il senso dell'orientamento e del trascorrere del tempo." è importante l'idea che la memoria modella il nostro presente e il futuro, il nostro presente e futuro stanno altrettanto plasmando e definendo il modo in cui la memoria è costruita, le cose che facciamo oggi saranno la nostra memoria domani.

Anche se la memoria riporta alla mente il passato, è

Molto più semplice riportare alla mente le informazioni ricevute in un qualche momento precedente. Ogni volta che l'esperienza di qualche evento passato condiziona qualcuno, in un successivo momento, l'influenza della precedente esperienza è una riflessione della memoria di quell'evento passato. [158]

In altre parole, "i ricordi non sono semplicemente immagini mentali del passato ... sono esperienze attuali della persona nella sua integrità... sensazioni, concetti, atteggiamenti e modelli di comportamento". [159]

Giovanni Paolo II esprime questo punto di vista parlando di memoria e di guarigione delle memorie. Per lui, la memoria non è "un mero contenitore di fatti passati immagazzinati nell'immaginazione come ricordi che si riversano sul presente attraverso gli effetti che si sono lasciati dietro." [160]

La memoria è un processo selettivo ed interpretativo che coinvolge le influenze combinate del mondo e delle proprie idee e aspettative di una persona. [161] In questo senso, è intesa come una relazione di potere attraverso la quale un individuo o un gruppo, negozia attivamente e decide che cosa può essere ricordato e cosa può essere dimenticato. [162] Tuttavia, l'individuo non sempre controlla quello che si ricorda o dimentica poiché "la memoria non dipende dalla volontà di ricordare un evento". [163] Quando le cose vengono alla memoria, non sempre dipende dalla nostra intenzione di ricordare gli eventi. Così, in certi momenti, si può desiderare ricordare, ma non si riesce o viceversa desiderare dimenticare. In ogni caso, la persona umana è in grado di regolare quello che fa con ciò che ricorda. Questo ci porta ai due principali gruppi di memoria: la memoria personale/individuale e la memoria sociale/collettiva.

2.1.1.1. Memoria Personale

La memoria personale si riferisce a eventi che riguardano l'individuo - i ricordi di sé, inclusi i ricordi di esperienze e di fatti personali della propria vita. Essa è caratterizzata dal ricordo di eventi e da come si interpretano i ricordi di episodi vissuti, ed è anche legata alla costruzione di sé. [164] Alcuni studiosi vedono qualche relazione tra memoria autobiografica e memoria personale. Tuttavia, non tutta la memoria personale è o diventa autobiografica. Mentre la memoria personale si riferisce a situazioni di carattere generale e di routine nell'esperienza della propria vita passata, la memoria autobiografica riguarda eventi specifici capitati nella vita dell'individuo. Si tratta cioè di una memoria esplicita per situazioni specifiche avvenute nel passato, e ricordate dal singolo in relazione agli altri. [165] Questi eventi devono essersi verificati in tempi e luoghi specifici, come andare a una conferenza e tenere un diario per tale attività.

La memoria personale è molto importante per un individuo perché

> togliendo la memoria ad un uomo, egli smetterà di essere un uomo, o perderà la sua essenza; la memoria quindi è prima di tutto la vocazione dell'essenza dell'uomo. Lo status ontologico della memoria è determinato dal fatto che essa è il fattore più importante del coinvolgimento dell'uomo nella storia. [166]

Sviluppando ulteriormente questo concetto, Vincent osserva che "senza memoria, non ci può essere personalità; senza storia non ci può essere alcuna nazione o stato reale. La perdita di memoria individuale è una vera e propria distruzione del sé. Nessun evento nella vita ha un senso fino a quando non viene spiegato con esperienze passate ". [167] Dunque ciò significa che la perdita di memoria significa che non siamo più persone? Ancora, la mancanza di memoria degrada una persona dall'essere umana? Copenharer risponde così,

> sicuramente, noi siamo più che i nostri ricordi. Non diciamo di un neonato, che vive nei primi mesi prima di sviluppare la memoria, 'bene non è ancora arrivata e quindi il bambino non è ancora una persona ... No, si afferma che il neonato è una persona, anche senza la memoria ... 'Se una persona a causa di una situazione o un'altra perde la memoria, certo non sarà per questa perdita di memoria meno persona '. [168]

Pertanto, sebbene sia noto che la memoria è di vitale importanza per un individuo, la sola memoria non fa individuo in quanto persona, così la perdita di memoria non implica la perdita dell'identità personale. La memoria personale è chiamata anche memoria episodica, poiché ha a che fare con l'esperienza dell'individuo nel corso della vita, cioè riguarda i diversi episodi della vita di un individuo. Diversa è la memoria semantica che "riguarda essenzialmente la conoscenza generale del mondo». [169]Qual è allora la memoria sociale?

2.1.1.2. Memoria Sociale o Collettiva

L'uso contemporaneo del termine memoria collettiva è in gran parte riconducibile a Emile Durkheim

(1858-1917), che nella sua opera "Le forme elementari della vita religiosa", ha scritto ampiamente sui rituali contemplativi. L'uso è legato anche a Maurice Halbwachs (1877-1945), allievo di Durkheim, che nel 1925 ha pubblicato uno studio considerato una pietra miliare sul tema "La dimensione sociale della Memoria". [170] Alcuni studiosi [171] fanno una distinzione tra due tipi di memoria collettiva. Il primo costituisce un ricordo individuale basato su una propria esperienza. Il secondo riguarda una memoria imposta agli individui da adulti o dalla società in generale in riferimento a ciò che è successo al di là dell'esperienza individuale. In ognuno di questi due aspetti, la memoria collettiva riguarda la vita che abbiamo in comune con gli altri nella società. Quindi nella memoria collettiva, "l'esperienza degli altri è un dato altrettanto essenziale quanto la propria esperienza. Noi crediamo nell'esistenza degli altri perché agiamo con loro e su di loro e siamo influenzati dalle loro azioni. " [172] Da questo punto di vista, la memoria collettiva può essere vista come "una raccolta di tracce lasciate dagli eventi che hanno influenzato il corso della storia dei gruppi interessati ... " [173]

La memoria collettiva si può dire sia un insieme di idee e credenze condivise collettivamente, e trasmesse da un gruppo. I ricordi sono spesso derivati dal mito, dalla letteratura, dalla storia, dalla cultura e dalle tradizioni condivise di una società, e, in un certo senso, tali memorie sono viste come fondamentali per la costruzione dell'unità e dell'identità nazionale. La memoria collettiva può essere considerata anche in senso negativo quando esclude coloro che non sono membri di un particolare gruppo. [174] Chi è diverso non fa parte del gruppo, è escluso da una particolare memoria sociale perché non è parte della storia che costituisce la memoria di quella determinata società. La memoria è in questo senso fondamentale per l'identità del sé delle società e dei popoli. La "coesione e il senso di appartenenza di un gruppo si nutrono dei suoi ricordi". [175] Pertanto, "quando la memoria comune è carente, ciòìoè le persone non condividono lo stesso passato, non ci può essere una vera e propria comunità, e dove si vuole formare una comunità si deve creare una memoria comune ... La misura della nostra unità è la misura della nostra memoria comune ". [176] Essa diventa non solo un'identità condivisa, ma la base stessa per l'identità. Sono 'la "memoria e la ricorrenza che danno la solidità, orientano e creano coesione in un gruppo, sia che si tratti di un gruppo sociale, di una famiglia o di una nazione nel corso del tempo ..." [177]

La memoria sociale riguarda non solo come viene rappresentato il passato ma anche perché esso viene rappresentato. Ogni società imposta immagini del passato, tuttavia per caratterizzare una società, queste immagini selezionate per comporre la memoria sociale devono suscitare emozioni e motivare le persone ad agire, in modo che vi sia una modalità socioculturale di azione. Proprio come la memoria seleziona e conserva le esperienze vivide e essenziali e dimentica quelle banali e insignificanti, così anche la storia nazionale costituisce la memoria sociale e seleziona e perpetua certi eventi essenziali come memoria sociale del gruppo. [178] La memoria sociale, in questo contesto diventa l'insieme dei "ricordi del passato che sono determinati e plasmati dal gruppo. " [179] Nella memoria sociale il concetto di "immaginazione storica" è l'incorporazione di eventi storici in esperienze di memoria individuale.

Le memorie sociali non sono sempre plasmate da esperienze ed eventi di successo, ci sono anche gli eventi di sofferenza e di sconfitta. Tale capacità eroica di "sopportare grandi avversità, 'ingiustizie, perdite, umiliazioni può servire come grande intensità morale per tenere unito un gruppo perché riflette parte della sua memoria sociale." [180] La gestione della memoria sociale negativa ha bisogno di qualche precauzione nella società, poiché "Alcuni riescono a fare in modo di consentire loro di trascendere il loro passato e trovare connessioni significative con altre culture, mentre i racconti storici di altri gruppi li lasciano impantanati nel passato e arenati nell'isolamento". [181] Quello che una società fa con la memoria della sua storia passata è cruciale nella vita di quella società, perché ogni evento passato ha agito su quella società ed è passato ora nella memoria. Cosa questa società decide di fare con il ricordo di un determinato evento passato è nelle mani della società stessa, e tale decisione potrebbe consentire di redimere una memoria o tenerla in una schiavitù perpetua.

Dunque, si può dire che la memoria stabilizza e disturba, unisce e divide. In effetti, per alcuni essa imprigiona, quando non viene interpretata bene,[182] imprigiona quando il passato "non viene usato al servizio del presente e del futuro", ma "la memoria non può servire il futuro fino a quando l'immaginazione non ha tradotto il passato in nuovi ideali e obiettivi. "[183] Quando una società non riesce a utilizzare la memoria del passato per il servizio del presente e del futuro, i membri di questa società possono rimanere schiavi del passato e condizionati dal suo ricordo. Quando il presente non riesce a liberare la memoria del passato in modo da definire il futuro, allora il passato schiavizza il presente e rende sfuocato il futuro. La realizzazione della memoria collettiva comporta anche "affrontare il dolore e la sofferenza nei ricordi delle diverse comunità, comprende il processo di ricerca del perdono per aver mantenuto posizioni, atteggiamenti, atti e azioni esclusive in relazione agli altri. "[184]

Il punto essenziale qui è che la memoria sociale è funzionale nel senso che può essere interpretata, revisionata, modificata e impiegata in vari modi per soddisfare una serie di esigenze sociali, economiche, politiche e personali. [185] Questa modificazione della memoria sociale in modo da soddisfare alcune esigenze, lascia spazio alla politicizzazione della memoria sociale di parte delle politiche delle realtà contemporanee e delle strutture sociali. [186] Siccome la memoria sociale dipende dall' interpretazione che la società dà del suo passato, diventa fondamentale sottolineare che una non corretta interpretazione del passato dà luogo a una memoria sociale errata. Una memoria sociale non corretta è un fattore chiave nel creare e mantenere conflitti distruttivi. [187] Il primo passo nel processo di guarigione delle memorie è proprio la rilettura corretta del passato da compiere assieme ai membri di altre società. In che modo la filosofia interpreta la memoria umana?

2.1.1.3. L'interpretazione della Memoria in Filosofia

Nell'articolo di J. Sutton, [188] si espone una breve sintesi del concetto di memoria in filosofia. Il termine memoria etichetta una grande varietà di fenomeni. Ad esempio, mi ricordo come si guida una macchina, mi ricordo il giorno in cui la Nigeria ha ottenuto l'indipendenza, mi ricordo il gusto di caffè di stamattina, mi ricordo di dare da mangiare al gatto stasera. Tutte queste varietà di cose da ricordare si riferiscono alla memoria, ma non significano la stessa cosa. In realtà, accadano molte cose diverse quando usiamo la parola 'ricordare', che ha sempre a che fare con la memoria. Per questo motivo, la memoria è vista come un concetto difficile da capire a causa della sua molteplicità. Questo rende anche difficile sviluppare una spiegazione della memoria.

Sebbene sia difficile definire questo concetto a causa della sua complessità, si sono tuttavia compiuti alcuni tentativi. Si può intendere come un insieme eterogeneo di capacità cognitive grazie alle quali l'individuo conserva le informazioni e ricostruisce le esperienze, di solito per fini attuali. È dunque uno dei modi in cui le nostre storie animano le nostre azioni ed esperienze presenti. La memoria sembra essere una fonte di conoscenza; ci aiuta a ricordare le esperienze e gli eventi che non stanno accadendo ora, quindi la memoria differisce dalla percezione; ricordiamo gli eventi realmente accaduti, quindi la memoria non può essere considerata come pura immaginazione. Tuttavia, in concreto, i filosofi sono del parere che ci possa essere una stretta relazione tra ricordo, percezione e immaginazione. Alcuni ricordi sono modellati dal linguaggio, mentre altri dall'immaginazione. Una comprensione della memoria è importante per rendere il senso della continuità del sé, del rapporto tra mente e corpo, e della nostra esperienza del tempo. La memoria non è nel presente né nel futuro; non si può parlare della memoria del presente, perché il presente è oggetto di percezione, e nemmeno della memoria del futuro, perché il futuro è oggetto di aspettative, l'unico oggetto della memoria è il passato. Dunque, "tutta la memoria implica un tempo trascorso, di conseguenza, soltanto gli animali che percepiscono il tempo possono anche ricordare, e l'organo che facilita la percezione del tempo rende possibile anche il ricordo." [189]

Si possono fare alcune classificazioni della memoria: c'è, per esempio, la memoria proposizionale che è generalmente detta memoria semantica o memoria per fatti. Si occupa di una vasta rete di informazioni concettuali che sono alla base della conoscenza generale che un individuo ha del mondo; vi è poi, una memoria diretta o esperienziale, nota pure come memoria di collegamento, episodica o personale, si tratta di una memoria degli eventi che si sono vissuti nella propria vita. Tali ricordi conservano particolari di tempo e luogo associati con gli eventi, ad esempio, ricordare quello che si è fatto la scorsa settimana è una memoria episodica che si differenzia dalla memoria semantica in quanto quest'ultima si occupa di fatti e concetti. [190] I filosofi hanno anche descritto quella memoria che essi chiamano 'memoria abituale', che gli psicologi chiamano 'memoria procedurale.' Qual'è il punto di vista della psicologia sulla memoria?

2.1.1.4. L'interpretazione della memoria, dal punto di vista della psicologia

Dall'articolo di J.B. Underwood, [191] possiamo riassumere l'interpretazione della memoria dal punto di vista della psicologia. La memoria è vista come un processo di codifica, di immagazzinamento e di recupero nella mente umana di esperienze passate. Essa deriva dalla percezione, dall'attenzione e dall'apprendimento e nello stesso tempo si influenza. Il modello di base del ricordare consiste nell'attenzione ad un evento seguita dalla rappresentazione di tale evento nel cervello. Apprendimento e memoria procedono di pari passo in senso che l'apprendimento non può avvenire senza memoria. Le capacità di risolvere un problema o anche solo riconoscerne l'esistenza dipendono dalla memoria. Il ricordo e la memoria sono inseparabili, per esempio, l'abituale azione di attraversare la strada si basa sul fatto di ricordare numerose esperienze precedenti.

Ricordare è proprio fondamentale per l'individuo grazie all'aiuto della memoria, e dimenticare è altrettanto importante. Dimenticare aiuta chiaramente per l'orientamento nel tempo; infatti, i vecchi ricordi si affievoliscono mentre quelli nuovi tendono ad essere ancora vivi. Senza la capacità di dimenticare, la capacità di adattamento sarebbe più difficile, per esempio, un comportamento appreso che avrebbe potuto essere corretto qualche decennio fa, potrebbe non esserlo più al momento presente. Senza la capacità di dimenticare, non si sarebbe in grado di adattarsi ai nuovi modelli di comportamento; anche se la capacità di ricordare è piacevole, sono stati registrati casi di persone "che (per gli standard ordinari) dimenticano così poco che le loro attività quotidiane sono piene di confusione. Dunque, l'oblio sembra servire per la sopravvivenza non solo del singolo ma dell'intera specie umana e se esso è utile, allora l'importanza del dimenticare non può essere trascurata per quanto riguarda l'aspetto della guarigione delle memorie. Diventa importante cancellare dalla memoria le emozioni negative che la distorcono e impediscono di continuare una vita normale. Ciò richiede di dimenticare e guarire la memoria, aiuta a rendere la memoria sempre nuova e sempre operativa senza che sia sovraccaricata con cose indesiderate e inutili.

Gli studiosi distinguono tre fasi o aspetti della memoria: il primo implica i processi in cui l'informazione viene registrata, è la fase primaria della memoria; il secondo è il mantenimento delle informazioni nella memoria nel tempo; il terzo si riferisce alla possibilità di accedere alle informazioni nella memoria grazie al riconoscimento, al recupero o implicitamente dimostrando che un compito importante è eseguito più efficacemente come risultato di una precedente esperienza. Due principali metodi di recupero della memoria coinvolgono il richiamo e il riconoscimento. [192]

Grazie a questa breve interpretazione della memoria sia individuale che personale, si può ora illustrare il concetto di 'guarigione delle memorie'. Che cosa significa questo concetto e qual è la sua funzione? Da quanto precede, si capisce come la memoria personale sia molto importante per l'individuo, aiuta nel processo di ricordare e di rendere presente il passato. Dimenticare è altrettanto importante per apprendere nuovi comportamenti e adattarsi nelpercorso della vita. Dimenticare aiuta a cancellare la memoria di cose indesiderate. La guarigione delle memorie allo stesso modo aiuta a liberare la memoria dal carico delle ferite passate, permettendo all'individuo di vivere una vita migliore. Prima di entrare nello specifico di questo concetto di guarigione delle memorie, diamo un breve sguardo al suo sviluppo storico.

2.2. Sviluppo storico del concetto
di *"guarigione delle memorie"*

Ci interessa ora sapere quando e come è nato il concetto di 'guarigione delle memorie', e le sue diverse fasi di esposizione. Il termine è stato coniato e usato per la prima volta nel 1950 da parte della guaritrice cristiana laica americana Agnes Sanford (1897-1983). [193] È uno dei suoi grandi contributi nel settore della guarigione cristiana. Agnes Sanford ha coniato questo termine "guarigione delle memorie" a partire dal precedente "guarigione interiore". La "guarigione interiore" è un processo di richiamo dei ricordi soppressi o dolorosi al fine di dare loro la giusta attenzione poi sanarli. [194]

Agnes Sanford, che fondò la Scuola di Pastorale "Agnes Sanford" nel 1958, applicò il concetto di "guarigione delle memorie" alla pastorale nell'ambito del ministero di guarigione cristiana. Con questo significato, lei e molti assistenti sanitari sotto la sua influenza, hanno "incorporato effettivamente principi e tecniche che paiono molto simili alla Psicologia, pur mantenendo accuratamente una prospettiva cristiana carismatica." [195] Questo gruppo di operatori sanitari è stato chiamato "guaritori interiori" e il loro approccio si differenzia dagli approcci di terapia biblici che erano ostili alla Psicologia. [196] Tra questi assistenti nei ministeri di guarigione cristiana, ci sono molti modelli: il modello di David Seamonds '; Il modello di Sian Yang Tan; il modello di Leanne Payne; il modello del Ministero teologico, ecc [197] Questi modelli variano un po' tra di loro, ma hanno alcune caratteristiche in comune: l'accento sul passato ferito; il condurre gradualmente il paziente a prendere coscienza di quel passato; il renderlo in grado di sentire la presenza di Dio che risana le ferite passate; l'aiutarlo a perdonare se stesso e gli altri. [198] Così, nonostante il fatto che ci siano diversi modelli " il linguaggio rimane lo stesso, anche se la pratica tende a variare leggermente '." [199] Lo scopo principale è sempre quello di liberare la persona dalla schiavitù del passato. Vale a dire, "la guarigione della vita interiore dal passato della persona per rendere quella persona stessa libera di vivere nel presente."[200] In questa fase iniziale del suo sviluppo, il concetto di guarigione delle memorie era più o meno "una forma di preghiera intesa a facilitare la capacità del paziente di elaborare i ricordi affettivamente dolorosi attraverso il loro ricordo vivo e di chiedere la presenza di un ministro di Cristo (o di Dio) per assisterlo in mezzo a questo dolore ... " [201]

A parte l'uso del concetto di 'guarigione delle memorie' nei ministeri di guarigione cristiani dagli anni '50, alcuni psicoterapeuti negli anni '80 e '90 iniziarono a farne uso nel campo della psicologia. [202] Questi psicoterapeuti applicano tecniche come la terapia di esposizione, la desensibilizzazione sistematica, la ritrattazione [203] ecc per raggiungere il loro obiettivo. La guarigione delle memorie per questi psicologi si occupa della "rimozione di quelle cicatrici psicologiche ed emotive, che sono state acquisite nel corso dell'esperienza della vita". [204]

Nei primi anni degli anni '90, proprio mentre il concetto di guarigione delle memorie si faceva strada in Psicologia, si è cominciato ad applicare, non solo in Psicologia, ma anche agli ambiti socio-etici e psico-spirituali. La guarigione delle memorie come processo comprende molti modelli; uno di questi è quello applicato nella Verità e Riconciliazione in Sud Africa e in seguito adottato in molte nazioni. Ci sono anche il modello proposto da Paul Ricoeur e il modello utilizzato da Giovanni Paolo II che tratteremo più avanti. Ma prima di analizzare questi modelli bisogna sapere che cosa significa il concetto di 'guarigione delle memorie' nella sua totalità.

2.3. Il concetto di "guarigione delle memorie"

La vera tragedia dei ricordi dolorosi non è semplicemente il dolore emotivo che portano o la spinta potente del passato che sentiamo dentro di noi. Piuttosto è a causa del dolore e della spinta emotiva che impariamo modi sbagliati di relazionarci con le persone e di affrontare la vita. Con il tempo, questi modi diventano i nostri schemi della personalità - il nostro modo di vivere. [205]

Il concetto di guarigione delle memorie si articola intorno a tre questioni: il problema dei ricordi dolorosi non ancora sanati; la necessità guarire tali ricordi e la natura delle memorie guarite. Pertanto, non si può parlare di guarigione delle memorie se non ci sono le memorie ferite. La guarigione delle memorie non è per ogni ricordo. È necessaria per i ricordi che nascondono ferite ed errori del passato impedendo una vita normale nel presente. Quindi,

... Non tutte le memorie hanno bisogno di guarigione ma solo quelle che fanno soffrire gli esseri umani e deteriorano le relazioni tra loro, all'interno dei gruppi e tra le persone. "Guarire" diventa un'arte per liberare il passato dai suoi pungiglioni ossessionatamente dolorosi e oppressivi. Si tratta di ricordi che portano con sé esperienze del male che abbiamo fatto e del male che siamo stati costretti a soffrire, ad esempio le esperienze di illeciti e i sensi di colpa, così come quelle di dolore e umiliazione. [206]

Tali ricordi potrebbero essere individuali o sociali, potrebbero essere dei torti che abbiamo fatto agli altri o che altri hanno fatto a noi. A livello individuale, i ricordi dolorosi potrebbero essere dovuti agli errori che abbiamo fatto in passato, che ci ossessionano nel presente e tenendoci bloccati nel passato, questi ricordi dolorosi non sanati ci impediscono di vivere la nostra vita presente liberamente, ci tengono intrappolati e ci negano la libertà. [207] In altre parole, "I ricordi non sanati possono renderci schiavi e condannarci a rivivere apparentemente senza fine il passato." [208] Quando le ferite passate non sono sanate, il passato non è davvero passato e contamina il presente. [209]

I ricordi dolorosi ci negano la libertà e ci tengono incatenati al passato, quando "... non sono stati affrontati, guariti e integrati nella vita, spesso sfondano le difese e interferiscono con la vita normale". [210] Quando i ricordi dolorosi non vengono affrontati e guariti, diventano detriti nella nostra vita, che portiamo con noi consapevoli o no del male o contro male e diventano parte della nostra realtà quotidiana e ci spingono a restare da soli contro i nostri nemici immaginari. [211]Tali ricordi quando non sono affrontati e guariti, sono in grado di distruggerci fisicamente, emotivamente e spiritualmente. [212] L'errore o la colpa che ha avuto luogo nel passato e che tormenta la memoria di oggi non può essere annullato. Tuttavia, il modo in cui il passato viene letto può dare una nuova interpretazione di esso, che ci libera da quella schiavitù. In altre parole, "mentre la storia non può essere modificata, il perpetuarsi di ricordi negativi può essere oggetto di trasformazione". [213] È proprio il processo di guarigione delle memorie che dà spazio a questa trasformazione. Nelle parole di Schreiter, il concetto di guarigione delle memorie:

> ... È diventato il termine accettato per significare come i ricordi debbano essere trasformati, se le vittime desiderano avere un futuro per non rimanere ostaggi del passato. "Guarire" qui non significa dimenticare, perché sollecitare le vittime semplicemente a dimenticare significherebbe renderle vittime ancora una volta. [214]

In questo senso, la guarigione delle memorie potrebbe essere intesa come "apertura per andare oltre l'isolamento del passato, e compiere passi concreti verso relazioni nuove" [215]

Questa apertura verso la trasformazione è un passo fondamentale nel processo di guarigione delle memorie. Secondo Schreiter, essa prevede due fasi:

la testimonianza e il raccontare in modo nuovo la storia. [216] Il processo della guarigione delle memorie inizia quando un individuo o un gruppo decide di affrontare il passato in modo da esaminare i ricordi dolorosi e questo è ciò che Schreiter chiama testimonianza. Nelle sue parole, la testimonianza è il momento in cui l'individuo o il gruppo "... decide di affrontare i ricordi dolorosi. Il silenzio su quanto è successo viene rotto ... " [217] Un secondo passo nel processo di guarigione delle memorie, secondo Schreiter, è quello di un nuovo racconto della storia. Ciò comporta:

> ... La raccolta di testimonianze, impegnandosi nella ricerca della verità e nel raccontare la verità, e la produzione di una narrazione che non sia fissata sul carattere avvelenante degli eventi passati, ma piuttosto che sia in grado di fornire un orizzonte per il futuro, un orizzonte che tiene conto del paesaggio del passato. [218]

Liberare se stessi o liberare un gruppo dall'essere bloccato dagli eventi del passato è uno dei principali problemi che riguardano la guarigione delle memorie Per questo, il concetto può anche essere visto come

> un processo di apprendimento che si può sviluppare nel lungo termine, e portare particolari gruppi di persone ad essere liberati dal peso di un passato pieno di conflitti ed aiutarli ad entrare in un nuovo modo di fare comunità tra loro. [219]

Una parola importante utilizzata qui è il 'peso di un passato pieno di conflitti.' La guarigione delle memorie non sempre implica ricordi del passato in cui si sono verificati violenza o traumi o dove due gruppi covano ricordi di violenza l'uno contro l'altro. Nel 2002, nei Dialoghi degli anabattisti e dei Mennoniti verso la riconciliazione, si trova che l'obiettivo dei dialoghi fu inizialmente formulato come 'guarigione delle memorie. Alla prima sessione, la commissione ha accettato di modificare l'intestazione in 'il Retto Ricordo.' L'unica motivazione di questo cambiamento fu che "In contrasto con l'apartheid in Sud Africa, i membri delle nostre rispettive confessioni non covavano ricordi di violenza perpetuati l'uno contro l'altro". [220] È stato inoltre sostenuto che se entrambe le confessioni religiose considerano la 'guarigione delle memorie, come fine a se stessa, esse "..., potrebbero anche trovarvi una sorta di risarcimento per cancellare i peccati del passato e proseguire con le loro identità separate senza cercare di vivere come fratelli e sorelle riconciliati nel futuro." [221] Per tutte queste ragioni, hanno adottato il termine ' Ricordo Retto', che è una frase evocativa del teologo Miroslav Volf. Ricordare in modo retto implica molti aspetti tra cui 'un impegno consapevole di accuratezza storica nella lettura delle fonti primarie' delle due confessioni, e 'un atteggiamento di dialogo che si impegna a ripensare le storie particolari "delle due confessioni. [222]

Il concetto di ricordo retto è ben accolto, tuttavia dire che l'uso del concetto di 'guarigione delle memorie' è stato abbandonato perché associato ai ricordi di violenza potrebbe richiamare un secondo pensiero. Dal suo sviluppo storico, il concetto è stato adattato e utilizzato in vari modi sempre con lo stesso obiettivo. Inoltre, il processo di 'guarigione delle memorie' ha tre fasi: Il ricordo retto e le sue due componenti (precisione storica e atteggiamento colloquiale) sopra indicate costituiscono le prime due fasi del processo di 'guarigione delle memorie'; l'ultima fase è quella di 'progettare il futuro insieme.' Non poteva quindi essere giustificato che la 'guarigione delle memorie' si occupasse solo del passato, non tenendo in considerazione la vita delle persone nel presente e nel futuro.

In realtà, la guarigione delle memorie si occupa delle ferite passate, non importa quanto piccole, quel male che oggi impedisce ai singoli o ai gruppi di mettersi in relazione l'uno con l'altro. Ha a che fare con tutti quei ricordi che ci paralizzano, facendoci essere isolati e controllati dai dolori del passato. [223] Si tratta di un processo che implica la scelta di non essere schiavi del passato, ma cominciare a diventare creature libere. [224] Potrebbe essere anche a livello personale, in questo caso riguarda i ricordi di errori compiuti da se stessi nel passato, oppure il male passato che uno ha acquisito o le colpe che nel passato sono state fatte nei confronti degli altri. In questo senso

la guarigione delle memorie si occupa di rimuovere quelle cicatrici psicologiche ed emotive acquisite nel corso dell'esperienza di una vita, che sono di iintralcio allo sviluppo e alla maturità di una persona. [225]

La guarigione delle memorie può essere sia per i singoli che per i gruppi. Potrebbe essere usata per i laici e per i professionisti. Potrebbe essere applicata per colpe minori o reati che tengono le persone in ostaggio del passato ed impediscono ragionamenti interpersonali nel presente. Potrebbe anche essere usata per i traumi del passato e per le grandi violazioni dei diritti umani che rendono difficile per gli individui o i gruppi incontrarsi e vivere insieme oggi. "La guarigione delle memorie è per i laici che vogliono essere liberi dai ricordi dolorosi che condizionano il loro comportamento presente ... è anche per i professionisti che vogliono aiutare gli altri a liberarsi dalla tirannia del passato." [226]

Quando il processo di guarigione delle memorie ha avuto luogo, com'è la memoria guarita? Abbiamo già visto la natura delle memorie ferite e non sanate. Una cosa da notare è che una memoria guarita non è quella che dimentica il passato. Una memoria guarita è quella che ricorda le ferite del passato, ma "... ha perso il suo carattere tossico, la sua capacità di avvelenare il presente ed escludere il futuro." [227] Ovvero, anche se una memoria guarita ricorda il passato, non è più tenuta prigioniera in esso; non permette al passato di determinare il presente, cioè non permette al male passato di impedire i rapporti con le persone nel presente. Questa tesi si occupa di guarigione delle memorie come processo, tuttavia, diamo un breve sguardo anche alla 'guarigione delle memorie ', come processo che ci riguarda individualmente su base quotidiana.

2.3.1. 'Guarigione delle memorie' a livello personale

Alcune persone hanno gravi problemi contro i quali stanno lottando da anni, [228] errori che hanno compiuto in passato, o incontri negativi avvenuti nel passato. La lunga lotta per vincere questi problemi è quella che Daniel L. Schacter chiama 'persistenza.' Può avvenire a causa di una grande delusione nella vita come un fallimento sul lavoro o a scuola, o una relazione d'amore che si è conclusa in modo improvviso. [229] Secondo Schacter

> Ci sono molte probabilità che tu ricordi questa esperienza più volte nei giorni e nelle settimane successive, anche se desidereresti a dimenticarla. La persistenza si sviluppa bene in un clima emotivo di depressione e di continuo rimuginare ... [230]

Il problema non è solo che non si riesce a dimenticare un evento, ma che si resta intrappolati in questa situazione terribile avvenuta nel passato. [231]

Arian Sarris chiama questo dolore che ha imprigionato l'individuo un 'Momento Congelato'; è quello che ha cambiato la vita dell'individuo in modo negativo e la rende diversa da come era prima. Sarris sostiene che

> Il risultato di questo momento congelato è che ci impedisce o si smette di crescere, blocca in se stessi o ci fa crescere in modo diverso e meno sano; che può comportare la tendenza a fuggire

dal ricordo e dal dolore. Uno stato di congelamento impedisce di utilizzare il nostro potenziale in modo pieno e tutto ciò è decisamente drammatico. [232]

D. e M. Linn chiamano questo momento congelato la 'memoria radicale,'[233] che ferisce una persona, non solo fisicamente, ma anche psicologicamente.[234] Le caratteristiche[235] di questo momento congelato sono:

a. ha cambiato la vita della persona in modo così grave da deviarla dal progetto precedente.

b. controlla la vita della persona se se ne parla o se si ricorda questo momento oppure no.

c. è molto forte e vivo nel tempo presente. Quando lo stato di congelamento non è una cosa vergognosa, si rievoca sempre più volte nelle conversazioni. Si fa questo nella speranza di abituarsi ad esso o di minimizzare i suoi effetti.

d. una persona misura se stessa in base a tale evento. Può pronunciare parole come queste: 'Se Z non avesse avuto luogo, io sarei stato ...' 'Se T non si fosse verificato, io avrei fatto ...'

Il livello dello stato di congelamento può differire. In alcune situazioni è molto intenso, in altre situazioni invece non è così forte. Spesso è più un errore che abbiamo compiuto nel passato, che continua a tenerci in gabbia nel passato. Sarris ritiene che la via d'uscita da una tale confusione è quella di accettare l'errore che abbiamo fatto e quindi perdonare noi stessi e perdonare gli altri, se questi sono stati coinvolti. Così

> Si inizia con il perdono di sé stessi, in primo luogo, e poi degli altri. Se si riesce a perdonare sé stessi per i propri difetti, si comincia a creare uno spazio dentro di sé in cui l'amore può entrare. Quanto più si riesce a perdonare sé stessi per i propri atteggiamenti, sentimenti, azioni e giudizi, allora tanto più si può sentire l'accettazione di sé. [236]

Proseguendo, egli afferma

> Un punto di partenza è quello di perdonare se stessi per il fatto di non essere perfetti, per non agire sempre nel modo giusto ... Ogni volta che si perdona se stessi, si fa molto più che rompere il proprio condizionamento oltre a tutte le possibili recriminazioni che si possono accumulare.[237]

Una cosa molto importante in questo processo è accettare la realtà che non si è perfetti. Se non si è perfetti, allora si può commettere errori; quindi non si dovrebbe consentire a un errore compiuto di continuare a condizionarci e di renderci schiavo del passato. La guarigione delle memorie in questo senso implica una possibilità di superare l'impasse dei sensi di colpa interiori, al fine di giungere all'auto-accettazione e al perdono di se stessi e degli altri. [238]La guarigione delle memorie è considerata raggiunta in questo caso se il ricordo dell'evento passato non è più doloroso e il comportamento, che ne era la manifestazione, non esiste più. [239] Quindi la guarigione delle memorie non significa dimenticare; si deve ricordare, ma senza dolore. Vediamo ora la relazione esistente tra il ricordo e la guarigione delle memorie.

2.4. Il Rapporto fra 'Ricordo' e 'Guarigione delle memorie'

A volte si è obiettato che ciò di cui tutti abbiamo bisogno ... davvero è 'una buona dose di amnesia', che è meglio dimenticare piuttosto che ricordare. E infatti gli 'Atti di Oblio' come modo per chiudere un capitolo sono stati in realtà una caratteristica non solo della storia secolare, ma anche della storia della Chiesa. Nel 1965 il Papa Paolo VI e il Patriarca Atenagora I insieme hanno consegnato solennemente all'oblio la scomunica del 1054, 'il cui ricordo è stato, fino ai nostri giorni, un ostacolo all'unità nella carità'. Recenti studi, tuttavia, sembrano concordare sul fatto che, in generale, è meglio ricordare piuttosto che dimenticare, ricordare il passato in modo che non si ripeta mai.[240]

Ciò che ci interessa qui è capire se il 'ricordare' ha un qualche ruolo da svolgere nel processo di 'guarigione delle memorie'. Cioè, è necessario ricordare per guarire la memoria? Non sarebbe meglio dimenticare il passato per risanare la memoria più velocemente? Cosa significa il 'ricordare' nel processo di 'guarigione delle memorie?'

C'è una connessione tra il 'guarire la memoria' e il 'ricordare.' La guarigione delle memorie si occupa di trasgressioni passate; non ci sarebbe la necessità di guarire le memorie, se non ci fossero i mali passati; e non si può parlare di dolori passati, se non si ricordano nel presente. I ricordi del passato sono parte della nostra esistenza di esseri umani, non è facile dimenticare il passato soprattutto il passato doloroso. In realtà "il passato non è mai morto. Non è nemmeno davvero passato". [241] Il passato non è passato perché esso continua a vivere nella memoria, e risiede nella memoria. Sarris dice che "... il tempo stesso non sana e non può guarire quei ricordi dolorosi che sono talmente dolorosi che la mente non può tollerarli ... Poiché più fortemente si cerca di tenere i brutti ricordi fuori dal richiamo della coscienza, più essi si rafforzano". [242] Di conseguenza, il processo di guarigione delle memorie è una scelta di ricordare il passato per perdonare ed essere perdonati affinché si sia sanati. È stata la scelta adottata dalla Commissione per la Verità e la Riconciliazione in Sud Africa. [243] Le uniche persone che desiderano che il passato sia dimenticato sono gli autori del male, non vogliono che si ricordi il passato perché non vogliono essere ritenuti responsabili delle loro azioni. In altre parole

> Tra gli esecutori di crimini, non è affatto raro un oblio motivato delle loro cattive azioni accompagnato dalla speranza che le vittime dimentichino in fretta le sofferenze del passato, ... Chiedere alle vittime di dimenticare i mali del passato è trattarle come se nessun grande male sia stato fatto contro di loro, come se non avessero nulla

di cui pentirsi. Questo può soltanto peggiorare il loro animo ulteriormente. [244]

Gli oppressori spesso pensano che sopprimendo il male passato, essi potrebbero raggiungere la pace. Così, tra gli oppressori, sussiste la seguente posizione:

> Nella loro idea il passato può essere riscritto in modo tale che nessun ricordo della presenza della vittima possa rimanere. La vittoria racchiude la vittima in un oblio che elimina la possibilità stessa della colpa, della vergogna o del rimorso, cioè tutte quelle emozioni necessarie per la ricerca essenziale della verità. [245]

Ma questo non sembra essere vero. Al contrario, se il passato viene ricordato e il perdono concesso, anche gli oppressori potranno realizzare un cammino di guarigione delle memorie, che potrebbero invece non ottenere sopprimendo semplicemente il ricordo delle gesta del passato. A volte, gli oppressori sopprimono i ricordi perché è troppo doloroso ricordare quanto è successo oppure è angoscioso sentire di essere responsabili. David Stevenson si esprime in questo modo

> I ricordi possono essere soppressi perché parlarne è troppo doloroso. La storia della colpa può essere nascosta, il ricordo può essere bloccato dal rifiuto, dal disagio e da un atteggiamento difensivo ... Le vittime possono essere ridotte al silenzio oppure diventano incapaci di parlare. [246]

Creare un silenzio eccessivo sugli eventi passati e sulle ferite che hanno creato non sana le ferite, né allevia il dolore, né per gli oppressori né per le vittime. "Il silenzio non smorza il risentimento; il fatto che non si parli delle ferite non garantisce che esse non facciano infezione. " [247] A volte, le vittime cercano di reprimere i dolori per le ferite passate come una via di fuga, ma ciò genera quello che viene chiamato 'il silenzio pericoloso'. I "Silenzi pericolosi" possono sfociare nella voce amara di reciproche recriminazioni, con il rischio di dare vita ad un nuovo ciclo del conflitto". [248] Schreiter parlando dei ricordi traumatici osserva che "la guarigione dei ricordi traumatici non può essere ottenuta soffocandoli; essi tornano sempre alla mente in altri modi spesso indesiderati. " [249]

Ma ora si pone una domanda fondamentale: perché è così difficile mettere a tacere i ricordi del passato, in particolare i ricordi dolorosi? Perché questi ricordi devono essere ricordati per essere sanati? Il motivo è chiaro. "Il passato - come origine di auto-interpretazione e di valori - non è un 'territorio neutro', ma appositamente è quello spazio in cui lo stato e l'identità degli individui e dei gruppi sono combattuti." [250] Il passato e il presente sono strettamente connessi, per questo non è facile dimenticare o sopprimere il passato. Si chiede di "ricordare il passato, per non ripeterne il carattere distruttivo, in modo da diventare persone diverse." [251] Sebbene dobbiamo ricordare, il modo in cui lo facciamo conta molto: per questo, Schatter afferma "Se tendiamo a ricordare gli eventi negativi in modo più approfondito di quelli positivi, possiamo facilmente correre il rischio di richiamare dei dati persistentemente dolorosi di quelle esperienze che vorremmo invece dimenticare. [252] Ci vuole quindi un certo tipo di oblio nel processo del ricordo: "dimenticare non come amnesia, ma piuttosto come una liberazione da tutto il peso e il carico del passato." [253] Dimenticare qui significa ricordare il passato, ma non permettere che esso ci tanga prigionieri nel presente. Significa non usare il passato come misura in modo che ci impedisca di frequentare certe persone nel presente a causa di azioni del passato. Ricordiamo le ferite passate, ma una volta che i ricordi di queste ferite sono sanati, non agiamo più in base ad esse. È come se le avessimo dimenticate, in realtà non le abbiamo dimenticate, ma i dolori da esse provocati sono stati sanati attraverso un processo di guarigione delle memorie. È in questo modo che viene utilizzato il concetto di 'dimenticare il passato'; non significa metterlo a tacere, non significa non ricordarlo.

Ricordare le trasgressioni passate potrebbe essere fatto per due ragioni. Innanzitutto, potrebbe essere per vendetta; in questo caso, le due parti restano per sempre prigioniere del passato. A questo proposito, Alan Falconer nota, "In diverse parti del mondo, i ricordi delle atrocità del passato continuano a rendere difficile e traumatica la risoluzione dei conflitti contemporanei. L'impatto decisivo della memoria è ovunque evidente nel mondo. " [254] Andando oltre, egli nota,

... Il problema prioritario che deve essere affrontato nel contesto del mondo contemporaneo è come l'attività del ricordare possa diventare un processo liberatorio, piuttosto che una dichiarazione di situazione di cattività. Siamo condannati a perpetuare la nostra identità in opposizione, a considerarci l'un l'altro come una minaccia? Come possiamo sanare la violenza? [255]

La violenza può essere guarita quando il ricordo viene utilizzato come strumento di liberazione. In tale situazione, ricordare può avere lo scopo di una reciproca revisione e interpretazione del passato in modo da liberare le persone dai dolori dei ricordi passati. In questo modo, "... i ricordi possono anche essere liberatori. Possono liberare una comunità o un gruppo in modo che possa entrare in relazioni più positive con altre comunità e tradizioni ... "[256] La violenza può essere sanata anche incoraggiando il ricordo positivo piuttosto che la repressione delle ferite del passato. Quindi, è meglio ricordare le trasgressioni del passato con una disposizione volta a risanarle piuttosto che fingere di dimenticarle solo per ricordarli in modo negativo, che può portare alla vendetta. Secondo John W. De Gruchy, "... ricordare il passato può essere faticoso, ma può essere più costoso non ricordarlo in un modo che contribuisce alla guarigione e alla sincera riconciliazione." [257]

Ricordare in modo positivo o retto è anche un mezzo di ri-membranza. Ri-membranza qui significa ri-raggrupparsi, ri-unirsi tra persone che sono state divise a causa dei ricordi di trasgressioni passate. Gli anabattisti e i mennoniti, che hanno intestato il dialogo 'Il ricordo retto' l'hanno percepito come un mezzo di comprensione reciproca per creare più unità tra le due confessioni. Secondo una dichiarazione congiunta dei due organi

> Un approccio che si sviluppa per esaminare questioni che potenzialmente dividono le chiese in un contesto di reciproco rispetto e di fiducia ... non solo porta a risanare i ricordi dolorosi, ma contribuisce anche in modo permanente ad approfondire la relazione tra i nostri due enti ecclesiastici. [258]

Pertanto, il processo di guarigione delle memorie è un processo teso a ricordare il passato, piuttosto che a sopprimerlo, esso si occupa del passato e secondo David Stevens, "è probabile che sia un processo piuttosto che un evento, e che coinvolga più generazioni. Non sembra probabile che il semplice oblio sia una possibilità". [259] Dimenticare può non essere la scelta migliore dal momento che

> ... Parte della nostra identità è ciò che ricordiamo di noi stessi e delle nostre interazioni con gli altri. Parte della nostra identità come nazioni dipende da ciò che ci è accaduto nel passato. Gran parte dei conflitti nel mondo, sia tra gli individui che tra le comunità, è alimentato dalla memoria di ciò che è accaduto in passato. Dobbiamo ricordare per preservare la nostra identità. Dobbiamo ricordare, per non permettere violazioni simili a quelle già accadute in passato. [260]

è il retto ricordo del passato che purifica e guarisce la memoria. Per questo motivo, esaminiamo ora il rapporto tra 'purificazione della memoria' e 'guarigione delle memorie'.

2.5. 'Purificazione della memoria' e 'guarigione delle memorie'

Il termine 'purificazione della memoria' è stato spesso utilizzato e reso popolare da Giovanni Paolo II. Nell'assemblea ecumenica del maggio 1980 tenuta a Parigi, il pontefice ha introdotto per la prima volta questo concetto. In quel contesto, egli ha osservato

> ... Prima di tutto, e nelle dinamiche del movimento verso l'unità, la nostra memoria personale e comunitaria deve essere purificata dal ricordo di tutti i conflitti, le ingiustizie e l'odio del passato. Questa purificazione si realizza attraverso il perdono reciproco, dal profondo dei nostri cuori, che è la condizione necessaria perché fiorisca la vera carità fraterna. [261]

Il termine 'purificazione della memoria' è apparso in diversi documenti pontifici. [262] Alla luce di tutti questi documenti, Bruno Forte ha osservato, "il contributo personale di Giovanni Paolo II ad una 'purificazione della memoria'... è una novità innegabile."[263] Ma cosa significa questo concetto?

Nella Grande Bolla dell'Anno 2000 (*Incarnationis Mysterium),* il papa si riferisce alla purificazione della memoria come "... un atto di coraggio e di umiltà nel riconoscere le colpe di un atto compiuto ..." (n ° 11). [264] Nel documento che egli ha presentato alla comunità cristiana a Parigi, in cui usò il termine per la prima volta, egli aveva indicato che 'la purificazione delle memorie si realizza con il perdono reciproco'. Pertanto, non è solo riconoscere le colpe di atti compiuti ma va oltre includendo il chiedere e il dare il perdono. Secondo la Commissione Teologica Internazionale

> Purificare la memoria significa eliminare dalla coscienza personale e collettiva tutte le forme di risentimento o di violenza lasciate come eredità dal passato, sulla base di un nuovo e rigoroso giudizio storico-teologico, che diventa il fondamento per un rinnovato modo di agire morale. Ciò si verifica ogni volta che diventa possibile attribuire ad atti storici passati diverse qualità e caratteristiche, con una nuova e diversa incidenza sul presente, considerato il processo nella riconciliazione nella verità, nella giustizia, e nella carità tra gli esseri umani e, in particolare, tra la Chiesa e le diverse comunità religiose, culturali, civili con le quali è in relazione. [265]

Questa definizione sottolinea la questione dell'epurare la memoria dagli effetti negativi procurati dai dolori di ferite del passato. Essa indica anche il fatto importante di raggiungere la purificazione delle memorie ripercorrendo atti storici passati, Cioè, rileggendo tali atti storici insieme per trovare un senso più audace a tali storie. Ciò lascia spazio alla riconciliazione nella verità, nella giustizia e nella carità. Seguendo la stessa tendenza, Sicari aggiunge che "purificare la memoria significa oggi lasciare che la speranza spunti dal passato. Significa raggiungere il passato nell'unico modo ancora possibile, vale a dire mediante il pentimento e il perdono, e scoprire lì l'amore che sempre vi ha dimorato nonostante tutti i suoi peccati e debolezze"[266] Secondo Ziad Fahed, "La purificazione della memoria è un processo dinamico attraverso il quale una persona o un gruppo identifica gli errori che sono stati commessi in passato ..."[267]

Osservando da vicino tutte queste definizioni, sembra che esista uno stretto legame tra il concetto di 'guarigione delle memorie' e quello di 'purificazione della memoria'. Sono esattamente la stessa cosa o c'è qualche differenza tra loro? In realtà, questi due termini ono a volte utilizzati come un unico concetto e altre volte come concetti diversi. Una cosa comune è che essi si orientano verso la stessa meta, cioè, liberare l'uomo dalla schiavitù del passato. Tuttavia, guardando la cosa da un ulteriore punto di vista, il concetto di 'purificazione della memoria' potrebbe essere visto come una singola parte del più ampio concetto di 'guarigione delle memorie'. In questo senso, la purificazione delle memorie è intesa come il primo aspetto del processo di guarigione delle memorie, "la guarigione delle memorie" richiede quindi innanzitutto, la purificazione delle memorie. Ciò comporta affrontare quegli eventi difficili del passato che danno origine a interpretazioni divergenti di ciò che è successo e perché."[268] Questo implica che la purificazione della memoria serve come punto di partenza nel processo di guarigione delle memorie; non si può parlare di guarigione delle memorie senza la realtà del perdono. Che cosa è dunque il perdono?

CAPITOLO 3

Il 'Perdono' come Concetto Centrale nel Processo di 'Guarigione delle memorie'

3.0. Introduzione

Quasi tutti hanno compiuto almeno un torto ad altri. Chi di noi non ha desiderato di essere perdonato? Quasi tutti hanno sofferto l'ingiustizia amara di un misfatto. Chi non ha lottato per perdonare? Il desiderio di vendetta sgorga impulsivamente come risposta al male ricevuto e diventa perversamente piacevole per quelli che ne sono posseduti. I credi personali e nazionali si radicano in storie di ingiustizia e glorie di vendetta. Oceani di sangue e montagne di ossa sono i loro testamenti. [269]

Si tratta sempre di perdono, esso svolge un ruolo chiave nel processo di guarigione delle memorie. La scelta di perdonare previene l'impennata della vendetta, con le sue conseguenze negative. Il termine "perdono" ha una lunga storia, esiste quasi in ogni cultura, tuttavia, in alcune circostanze, il perdono sembra la cosa più difficile anche se è l'unica soluzione. Cioè

Perdonare è difficile. L'idea stessa del perdono può essere offensiva dopo eventi orribili come l'Olocausto, il genocidio in Ruanda o la violenza del genocidio in Tibet ... l'idea che i sopravvissuti debbano perdonare dopo un genocidio è un affronto... è inconcepibile per loro e incomprensibile come le vittime o chiunque altro possano o debbano perdonare i colpevoli. Ciò nonostante, il perdono è necessario ed auspicabile. Esso apre la strada per la riconciliazione e in seguito la guarigione, rendendo quindi possibile un futuro migliore ... migliora il benessere psicologico delle vittime, solleva il peso della rabbia e il desiderio di vendetta. [270]

Non è solo nel caso di un genocidio che il perdono pone qualche problema, anche in altri casi, è a volte difficile perdonare, diventa più difficile quando i colpevoli non vogliono chiedere o ricevere il perdono. Desmond Tutu si esprime in questo modo "Il rischio è ancora maggiore se si è la parte lesa, che vuole offrire il perdono. Il colpevole può essere arrogante ... non pronto o disposto a chiedere scusa o chiedere perdono a sua volta."[271] In una tale situazione, la vittima dovrebbe negare il perdono dal momento che i responsabili non sono pronti per esso? Tutu risponde in questo modo, "se la vittima perdonerà solo quando il colpevole avrà confessato, allora sarà bloccata dal capriccio del colpevole, bloccata in uno stato di vittimismo." [272] Un altro problema riguardo al perdono sorge per quanto riguarda il primo aspetto dei cinque modelli di perdono di Charles L. Griswold. I modelli includono: 1. Perdonare i torti fatti agli altri, soprattutto ai morti, cioè ricevere il perdono da parte dei morti; 2. Perdonare i morti e gli impenitenti; 3. Auto-perdono; 4. Il perdono di Dio; 5. Perdonare Dio. [273] Il problema è se i vivi possono ricevere il perdono per i morti o da parte dei morti. Alcuni sostengono che i morti sono morti e nessun perdono può essere dato o ricevuto da parte loro. Tuttavia, Tutu vede le cose in modo diverso. Secondo lui

> Il vero perdono ha a che fare con il passato, tutto il passato, per rendere possibile il futuro. Non possiamo continuare a nutrire i rancori anche solo per procura per coloro che non possono più parlare per se stessi. Dobbiamo invece accettare che quello che facciamo lo facciamo per le generazioni passate, presenti e future. [274]

Noi qui ci occuperemo dell'idea di perdono, a partire dalle sue origini ebraiche e greche, cioè analizzeremo brevemente i termini ebraici e greci che esprimono "perdono" e le diverse modalità con cui questi concetti sono stati usati. Esamineremo se il concetto è stato utilizzato tra gli esseri umani e loro simili, da un lato, oppure tra gli esseri umani e Dio dall'altro, o entrambi gli aspetti, nell'uso etimologico del termine. La ricerca verterà sul meccanismo del perdono dalla prospettiva divina e umana. Il lavoro si concentra di più sul perdono reciproco e lo propone; è il caso in cui le due parti danno e ricevono il perdono reciprocamente l'una con l'altra.

3.1. Indagine sull' Etimologia del Perdono

3.1.1. La nozione di "perdono" dalla sua radice ebraica

Secondo B. Lang la parola "perdono" in ebraico si può ricondurre alla radice " *kpr* " (" *Kipper* ", come verbo, " *Kopper* " come sostantivo) e qui seguendo questo articolo, proponiamo una sintesi dei principali usi della radice *kpr* nel Vecchio Testamento. [275] Il verbo *"kipper"* che è associato con il suo equivalente arabo *"Kafara"* significa "coprire". "Coprire" qui implica un atto di espiazione inteso come la "copertura della colpa". Ci sono due modelli fondamentali nell'uso della radice " *kpr* ": Il primo riguarda le relazioni tra Dio e le creature; il secondo le relazioni degli esseri umani tra loro.

Ecco alcuni esempi dell'utilizzo di *"kpr"* nel primo modello: "ha perdonato la loro iniquità» (Salmo 78: 38); "Egli purificherà il santuario" (Levitico 16: 33); "perdona il tuo popolo" (Deuteronomio 21: 8); "Quando ti perdono tutto quello che hai fatto" (Ezechiele 16: 63). Utilizzare la radice " *kpr* " in questi casi, con il significato "perdonare", punta ad una purificazione attraverso l'"espiazione". Così Isaia 27: 9 recita "da questo, la colpa sarà eliminata".

In questo modello, quando sono utilizzati i termini "espiazione" e "redenzione", nel processo del perdono, può essere coinvolta l'azione di un sacerdote. Per esempio, "il sacerdote offrirà in riparazione per lui un ariete" (Levitico 5: 16); "Il sacerdote farà l'espiazione per lui e per il suo peccato" (Levitico 4: 35); "Con questo ariete, il sacerdote farà l'espiazione davanti al Signore per i peccati da lui commessi" (Levitico 19: 22). La radice " *kpr* " è utilizzata nelle serie di espiazioni, che il sacerdote esegue per l'altare, il santuario, il tempio (Levitico 16: 20, 33); per la terra (Numeri 35: 33); per la comunità (Numeri 15: 25); per la nazione (Numeri 17: 12). La radice *"kpr"*, in alcuni testi, si usa in modo specifico per il termine "espiazione per il peccato". Di nuovo è coinvolta l'azione del sacerdote. Potrebbe essere un'espiazione per l'altare ricostruito (Ezechiele 43: 18-26), o quella di un'offerta per un peccato comune del popolo (Levitico 4: 4-21) o un'espiazione fine a se stessa come nel Grande Giorno dell'Espiazione (Levitico 16). In ciascuna di queste situazioni, il sacerdote fa l'espiazione e il popolo viene perdonato. Quindi "esiste una relazione tra l'azione del sacerdote e quella della divinità" (Levitico 4: 20). [276]

Il sacerdote espia il peccato del popolo e la divinità lo perdona. Può essere importante notare che la parola araba " *kaffara* ", che significa "assolvere" come viene usata nel Corano [277] è un termine derivato dalla radice ebraica *"kpr"*. Nel Corano, viene utilizzato con Dio come soggetto, e l'espiazione è un atto del Dio misericordioso. Il sostantivo " *Kopper* ", derivato dalla radice *"kpr"* è usato in un senso religioso figurato. Ad esempio, Dio accetta come " *koper* " l'atto di penitenza eseguito da un malato e gli restituisce la salute (Giobbe 33: 24).

Gli esempi dell'uso di *"kpr"* nel secondo modello sono davvero tanti; qui significa "placare", implica un tentativo di qualcuno che è debole per "placare" un'altra persona che è potente, in modo da evitare la punizione di quest'ultima o la sua vendetta. È anche usato quando in seguito a un crimine o a una trasgressione o peccato, una relazione positiva tra due persone o gruppi viene spezzata. In tale situazione, si produce una tensione, per neutralizzare e alleviare la quale viene eseguito un atto di espiazione in modo da ripristinare l'ordine originale. Questo atto di espiazione è inteso a "placare la faccia" o "placare l'ira" (Genesi 32: 21; Proverbi 16: 14). L'uso del sostantivo *"Kopper"* in questo secondo modello, indica il dono materiale che stabilisce un accordo amichevole tra l'autore del reato e la vittima. Da parte della vittima, si tratta di un indennizzo o una riparazione, mentre da parte del colpevole rappresenta un riscatto - un dono per propiziarsi la parte lesa infuriata, (cfr Esodo 21: 30).

In un articolo correlato di J. Haussmann, il termine "perdono" viene ricondotto alla radice ebraica *" slh"*. [278] L'uso di questa radice indica il significato di "perdono del peccato" e viene 'utilizzato nel primo modello, cioè tra Dio e le creature. Inoltre, nel lavoro di James Strong, il termine "perdono" si può ricondurre alle radici *"slk"* e *"nsw"*. [279] che indica tra l'altro: "perdonare"; "graziare", "risparmiare"; "pronto a perdonare"; "alleviare"; "andare avanti". Nell'uso di *" slk "* Dio è il soggetto del verbo, esso si riferisce alla relazione tra Dio e le creature. Ecco alcuni esempi: "Se il mio popolo... pregherà e cercherà il mio volto e si convertirà dalle sue condotte malvagie, io ascolterò dal cielo e perdonerò i loro peccati e ridonerò loro il loro paese" (2 Cronache 7: 14); «Tu sei buono Signore e perdoni" (Salmo 86: 5). L'uso di " *nsw* "coinvolge due modelli: il primo, tra Dio e le creature; il secondo tra gli esseri umani. Un esempio del primo modello è il seguente, "Ora perciò perdona, io ti prego" (Esodo 10: 17). Qui, è Dio che deve perdonare il suo popolo. Un esempio del secondo modello è "così direi a Giuseppe: ti prego, perdona il delitto e la colpa dei servi del Dio di tuo padre" (Genesi 50: 17). Qui, è Giuseppe che deve perdonare i suoi fratelli.

Abbiamo imparato da quanto precede che attraverso la radice ebraica della parola "perdono", esso può essere usato con Dio come soggetto in un rapporto tra Dio e le creature. Può essere utilizzato anche con l'uomo come soggetto in una relazione tra gli esseri umani stessi. Ciò che è comune a entrambi è il concetto di "placare" o di "espiazione" quando una relazione è stata troncata a causa del peccato, di una trasgressione e di un delitto. C'è ancora una leggera differenza, quando Dio perdona lo fa per la sua infinita misericordia, che è il suo attributo (Esodo 34: 6), quindi Dio è sempre misericordioso. Quando l'uomo perdona, affida il debito nelle mani di Dio, che è misericordioso, sia nei confronti del colpevole che della vittima. Quindi, Dio perdona sulla base della sua misericordia, l'uomo invece perdona ancorandosi alla misericordia di Dio.

L'idea del perdono è strettamente legata al pentimento, quindi può essere utile studiare brevemente un importante termine ebraico che trasmette indirettamente l'idea del perdono. Questo termine è la parola "Teshuva ", che significa "pentimento". Per lo più, è quando l'uomo si pente che egli si può rivolgere a Dio o al suo prossimo per chiedere perdono. Inoltre, è quando ci si pente che ci si può allontanare da ogni sentimento di vendetta e concedere il perdono a un trasgressore. Tale ravvedimento completa sempre il perdono.

3.1.2. Il termine " *Teshuva* "

Seguendo la linea di pensiero di Graupner e Fabri, esponiamo una sintesi dell'interpretazione e dei diversi usi del termine " *teshuvà* "nell'Antico Testamento. [280] In generale, il termine " *teshuva* "significa "pentimento" o "conversione". L'interpretazione del sostantivo " *teshuva* ", dipende sempre dall'uso del verbo " *Shub* ".

Etimologicamente, la radice *swb (shub* come verbo) è presente in quasi tutte le lingue semitiche. Si basa su una radice primaria bi-consonantica " *tb* " che significa "girarsi dall'altra parte", "allontanarsi." Si ritiene che in origine il verbo " *Shub, "fosse* un verbo di movimento che può essere interpretato nel senso di "muoversi in una direzione opposta a quella verso cui uno si muoveva in precedenza. "Da qui, si possono ottenere alcuni significati fondamentali riguardo gli usi del verbo, come"girarsi indietro, voltarsi "- Proverbi 20: 26. Nel suo uso teologico, è applicato nel senso di "convertirsi a Dio".

Nell'Antico Testamento, il verbo "*Shub* " ed i sostantivi corrispondenti sono spesso presenti e utilizzati in vari modi. In primo luogo, è usato in senso generale per indicare "ritornare" o "voltarsi dall'altra parte". Per esempio, l'espressione *"shub el* " significa "ritornare a qualcuno," (Genesi 8: 9) o "ritornare ad un luogo "(Genesi 28: 21) ecc. L'espressione " *shub min,* "tra le altre cose significa, "distogliere lo sguardo" (Geremia 4: 28); "Mutare direzione dopo aver fatto qualcosa" (Genesi 14: 7). In secondo luogo, è usato anche per indicare il "pentimento", "girarsi verso qualcuno, ritornare a qualcuno {Dio}" (Osea 14: 21). In questo secondo senso, funge spesso da parola chiave nella proclamazione profetica soprattutto nei profeti precedenti all'esilio; un esempio si può trovare in Amos 4: 6-11. In particolare in Isaia, il ritorno o il voltarsi verso qualcuno, in questo contesto, significa la "ricerca di Yahweh". Così, "nel ritornare (*shuba)* e nel riposare in Dio, sarai salvato ... "(Isaia 31: 1). L'uso più frequente della radice " *swb* "evoca l'idea del "pentimento", "del tornare di nuovo". Per esempio, "Convertitevi, abbandonate tutte le vostre trasgressioni" (Ezechiele 33: 23).

In alcuni scritti dell'Antico Testamento, c'è un'interpretazione profetica della radice " *swb* "nella sua prospettiva etica e religiosa. La radice viene intesa come "conversione" o "svolta". Questa interpretazione della radice " *swb,* "traduce anche il senso del sostantivo " *teshuva "con* cui si intende "pentimento", "svolta", "conversione", ecc " *Teshuva* "quindi, porta all'essere umano una consapevolezza della possibilità di fare il male e il bene, e richiama l'individuo alla conversione o pentimento.

Da quanto precede, si evince che la radice *"swb"*, il verbo *" shub "* e il sostantivo *" teshuva "* possono essere utilizzati in generale con una connotazione religiosa. Tuttavia, l'uso più frequente della radice *"swb" si* riferisce all'idea di "pentimento". Questo pentimento potrebbe essere quello di virare dal male per andare verso Dio per chiedere perdono. Potrebbe anche essere pentimento dall'aggressione per chiedere perdono a un altro essere umano. Ancora potrebbe essere il pentimento da uno spirito di vendetta, in modo da concedere il perdono al colpevole e consegnare l'offesa nelle mani di Dio. Questo conduce all'idea di perdono secondo la sua radice greca.

3.1.3. La nozione di "perdono" dalla sua radice greca

Secondo R. Bultmann, la parola "perdono" può essere ricondotta alla parola greca *" aphiemi, "* e qui, seguendo il suo articolo, possiamo riassumere l'interpretazione e i vari usi di questo termine *" aphiemi. "* [281] Nel suo uso secolare greco, esso significa "mandare via." È utilizzato anche con altre sfumature per significare "scagliare", "rilasciare", " lasciare andare", "lasciare che sia."

Nel Nuovo Testamento, il verbo *"aphienai"* significa "lasciare andare", "lasciare" - Marco 1: 20; "lasciare o mettere da parte" - Marco 7: 8; "Lasciarsi alle spalle" - Marco 1: 18; "Lasciare in pace o lasciare soli" - Marco 11: 6; "consentire o permettere" - Marco 1: 34. Ci sono anche altri casi in cui *" aphienai "*significa "rimettere" o "perdonare" - Matteo 18: 27, 32; : Marco 2 5 ecc Il sostantivo " *aphesis* "viene tradotto quasi sempre con "perdono" inteso come il perdono di Dio ... Atti 8: 22; Giovanni 5: Così, questo perdono è sempre specificato aggiungendo "del peccato"; Dio viene quindi considerato colui che concede il perdono dai peccati- Marco 1: 4; Matteo 26: 28 ecc Anche quando " *aphesis* "viene usato per indicare la liberazione, esso comprende almeno l'idea di "perdono" –è usato due volte in Luca 4: 18, citando Isaia 61: 1 e 58: 6.

Il termine perdono può anche essere ricondotto alla parola *"Paresi" che* si trova solo una volta in Romani 3: 2. [282] ; di nuovo qui, Dio è colui che perdona. Tuttavia, vi è una peculiarità cristiana che riconosce come il perdono ricevuto da Dio passi attraverso l'atto salvifico di Gesù Cristo. I termini " *paresi* "e *aphiemi"* o *"aphesis"* sono rari in *Paolo* e Giovanni. In Paolo " *aphiemi* "appare solo in Efesini 1: 7 e Colossesi 1: 14. Questo suggerisce che esso non era utilizzato nel primo periodo [283] Anche la parola greca " *Ileos* "indica l'azione di "perdonare", di "accettare la sofferenza ", di "avere pietà ". In questo uso, essa è un attributo solo di Dio. [284]

Nell'articolo di H. Conzelmann, la parola "perdono" può essere ricondotta al verbo " *charizomai* "che prende il significato di "perdonare" (Colossesi 3: 13). [285]È usato per indicare la necessità del perdono reciproco nella comunità cristiana. Qui, il perdono è quello tra gli esseri umani. Si tratta di una richiesta che si basa su Cristo, dono di Dio, che è la misericordia e la gratuita remissione dei peccati. Nel greco classico, *"charizomai"* è comunemente usato con il significato di "favorire ", "gratificare", "dare liberamente ". [286] Pertanto, l'uso di questo verbo suggerisce un'espressione ancor più misericordiosa dell'idea che altrimenti sarebbe indicata da *"aphiemi".* L'uso del verbo *charizomai,* richiama alla mente l'idea di mettere da parte per amore ogni impedimento sulla via della comunione reciproca. Indica lo spirito di perdono, che può rimuovere ogni ostacolo. Anche quando viene usato il temine " *aphiemi* ", esso suggerisce ancora che, nel mettere da parte i torti, " *charis* "o grazia deve regnare nella mente e nel cuore di coloro che li hanno subiti. Soprattutto negli Atti, nelle Lettere e nell'Apocalisse, il perdono è presentato come la rimozione o l'annullamento degli ostacoli che impediscono la riconciliazione.

Dunque, la parola "perdono" può essere utilizzata in due modi: tra Dio e le creature e tra gli esseri umani stessi. L'uomo perdona a imitazione di Dio che è misericordia in se stesso.

3.2. Il meccanismo del perdono secondo la prospettiva divina e umana

3.2.1. Introduzione

Il perdono è un concetto con radici e connotazioni profondamente religiose. Dal punto di vista del divino, è solo Dio che perdona; è ben noto l'adagio 'errare è umano e perdonare è divino'. Il perdono è anche un fenomeno di tipo sociale e psicologico fondamentale. [287] Dal punto di vista psicologico esso tende a liberare l'uomo dai mali socio-psicologici che sembrano essere imperdonabili. Così, invece di rimanere bloccati in cicli infiniti di vendetta e contro-vendetta, spesso le persone attraverso il perdono cercano di superare il conflitto sociale e l'aggressività in modo positivo. [288]

3.2.2. Interpretazione del concetto di "Perdono"

In assenza della specificità di una vittima che a volte non è più presente per ricevere una richiesta di perdono o concederlo ... Dio è l'unico nome, il nome dell'assoluto sostituto, l'assoluto *superstes*, l'assoluto testimone sopravvissuto. [289]

J. Derrida fa un riferimento speciale qui a una situazione in cui la vittima non è più lì per dare o ricevere il perdono. In tal caso, il perdono è riferito a Dio. Anche quando le vittime possono essere presenti, il perdono resta un attributo del divino. [290] Si tratta di un atto divino, che Dio compie nell'uomo, di un dono gratuito e benevolo di Dio all'umanità. È grazie al dono del perdono che Dio ci dà che noi possiamo a nostra volta perdonare gli altri in nome di Dio e a sua imitazione. [291] Esso si può intendere come una libera decisione di lasciare perdere ogni debito amaro che ci tiene legati gli uni agli altri. È un desiderio di lasciare andare, che scaturisce dall'impegno di liberare se stessi e gli altri dalla schiavitù del debito e del male, anche se estremamente gravi; [292] è la sostituzione intenzionale della volontà di punire coloro che ci hanno ferito con la volontà di perdonare. [293] In altre parole, si tratta di una decisione personale di non rendere male per male. [294] Ciò che accomuna queste definizioni è la caratteristica del perdono inteso come una libera volontà, una decisione raggiunta da soli, magari grazie all'aiuto di altre persone, non trascurando la grazia di Dio, ma ciò che è determinante è la decisione personale. È:

> La disponibilità ad abbandonare il proprio diritto di risentirsi, di mantenere un giudizio negativo, e di tenere un comportamento indifferente nei confronti di chi ci ha ferito ingiustamente, incoraggiando invece atteggiamenti di compassione, di generosità, e perfino di amore verso di lui. [295]

Si tratta di "una volontà costante di vivere un nuovo giorno senza guardare indietro e frugare nella memoria per trovare motivi di amarezza e di risentimento." [296]

Vivere un nuovo giorno implica una decisione di non voler rimanere prigioniero del passato che a volte è oscuro; si tratta di una decisione di aprire un nuovo orizzonte per il presente e il futuro. Non guardare indietro non significa non ricordare; non frugare nella memoria vuol dire evitare di rimuginare sul passato, cioè di pensare continuamente al torto subito - mantenendo se stessi sempre schiavi del passato. Il perdono implica una decisione personale, per non restare intrappolati in tutti questi atteggiamenti che impediscono di perdonare. Questa decisione personale è resa possibile grazie al fatto che la capacità di perdonare è innata nella natura umana proprio quella di vendetta. [297] Sebbene, il perdono è in un certo senso innato nell'uomo, la decisione di perdonare spesso non è facile. Essa comporta l'accordare un "dono incondizionato a chi non lo merita," [298] è più che "il superamento della rabbia e del risentimento," [299] si tratta di una decisione di trascurare la propria giustizia, comporta la capacità di "rinunciare ad una legittima pretesa contro qualcuno che ci ha in qualche modo danneggiato o offeso." [300] Questa legittima pretesa sarebbe la 'vendetta', cioè, l'istinto di ripagare la persona con la sua stessa moneta. Il perdono riconosce questa pretesa, ma decide di lasciar stare, "il perdono costa, a volte è doloroso, e implica un nuovo orientamento nella relazione tra le persone che in passato erano nemiche." [301] Anche se il perdono è costoso e doloroso, il suo buon esito può essere più gratificante che il dolore. Enright riflette in questo modo

Un importante risultato del perdono in molti ma non in tutti i casi, è quello di favorire la comunione con gli altri, in particolare con quelli che ci hanno fatto del male. Il perdono come espressione astratta consente di accogliere gli oppressori nella comunità umana, come forse nessun altro concetto morale. Esso nutre la convinzione che i trasgressori abbiano grande valore, in quanto parte della nostra comunità umana. [302]

Esso offre l'opportunità di abbracciare gli altri, piuttosto che escluderli. In questo modo, si allarga il nostro orizzonte e la nostra comprensione, impariamo ad osservare il mondo attraverso la prospettiva dell'altro che è il nostro prossimo. Permettendoci di vivere in comunione con gli altri e non chiusi in noi stessi, il perdono rende il nostro futuro più luminoso. Il dono del perdono rende più facile per ciascuno perdonare se stesso e serve come ponte verso il futuro. [303]

Costruendo un ponte che collega al futuro, il perdono non cambia, tuttavia, i fatti del passato. L.B. Smedes ha chiarito questo concetto. Egli fu un noto autore cristiano, studioso di etica e teologo nella tradizione riformata; nato nel 1921 e morto nel 2002, i suoi genitori erano emigrati dai Paesi Bassi e si stabilirono negli Stati Uniti; ha scritto molti libri sviluppando la questione del perdono ed osservando come il passato non possa essere annullato.[304] Tuttavia,

> Il perdono ha il potere creativo di allontanarci da un momento passato di sofferenza, di slegarci dai ceppi di ferro della nostra catena infinita di reazioni, e di creare una nuova situazione in cui sia il colpevole che la vittima possono iniziare un nuovo cammino ... Il perdono offre la possibilità della riconciliazione; è un'opportunità per una vita condivisa, invece che una morte comune. [305]

Questa capacità di allontanarci dal dolore passato è un grande contributo del perdono all'umanità; senza questa virtù l'essere umano, sia vittima che carnefice, rimarrebbe prigioniero del passato. È il perdono che libera entrambi offrendo l'opportunità di ricominciare tutto da capo; il perdono quando è offerto e accettato, dimostra la nostra capacità di superare il male e di ristabilire i legami comuni dell'umanità ..." [306] È necessario nelle relazioni interpersonali; perché si verifichi, ci sono alcuni elementi che aiutano la vittima nel non facile processo di offrire il perdono.

3.2.3. I quattro Elementi del Perdono

Per raggiungere un perdono sincero, alcuni studiosi [307] individuano alcuni fattori che possono aiutare la vittima nel processo. Secondo R. Howes [308], ci sono quattro elementi che aiutano l'individuo nel percorso verso il perdono. Essi includono: l'esplicitazione; la comprensione del perché; la ricostruzione della sicurezza; e il lasciar andare. Questi quattro step non devono essere seguiti necessariamente in sequenza. I primi tre possono avvenire in qualsiasi ordine, solo l'ultimo deve sempre essere alla fine, perché è l'ultimo passo da compiere nel processo del perdono. In primo luogo, a chi desidera perdonare si consiglia di esprimere il proprio sentimento, qualunque sia l'ingiustizia o il torto ricevuto. Se l'oppressione ha fatto sentire una persona arrabbiata, triste, ferita, questi sentimenti devono essere percepiti e rivelati in modo esplicito. La vittima non può perdonare sinceramente qualcuno, fino a quando non ha davvero provato il dolore che l'altra persona le ha causato. Quando ciò non avviene, il perdono concesso si può considerare come qualcosa di prematuro che non può durare nel tempo. [309] Se è possibile, il colpevole dovrebbe sapere come si sente la vittima. [310]

Il secondo elemento è capire il motivo che ha determinato l'azione. Si può non comprendere appieno il motivo che sta dietro all'oppressione, ma c'è bisogno di qualche sistema per spiegare perché quell'atto ha avuto luogo; ciò aiuta nel processo di perdono. Poi, viene il terzo punto: chi perdona deve costruire qualche necessaria garanzia che l'atto non si ripeta. Anche se non è data alcuna certezza, questa condizione aiuta a consolidare la fiducia della vittima nell'offerta di perdono. Alla fine, c'è l'elemento più difficile, che però è anche il più importante nel perdono, cioè, la capacità di 'lasciare andare'. Si tratta di una decisione personale e di una promessa di non portare rancore nei confronti del colpevole cui si è concesso il perdono. 'Lasciare andare' implica la decisione di non fare mai più riferimento alla trasgressione passata nella nuova relazione con l'oppressore, 'Lasciare andare' è un fermo proposito di astenersi dal rinfacciare il torto all'oppressore in ogni incontro futuro, si tratta anche di fare la promessa a se stessi di smettere di meditare, rivivere e rimuginare sull'ingiustizia compiuta dal trasgressore.

Non è facile giungere al perdono vero, a volte è fastidioso ricordare la parola 'perdono' quando il dolore è molto profondo. Ma pensando al suo valore nelle relazioni umane, è sempre incoraggiante intraprendere la strada del perdono. Esso ci sfida a perdonare come anche noi siamo stati perdonati e a riconciliarci come siamo stati riconciliati.[311] E'una sfida che incontriamo quotidianamente, pur sotto forme diverse; alcune sono semplici, altre più complesse. Vivere è amare ed amare è perdonare. In realtà, il perdono definisce il modo di vivere nelle società umane, lo fa rifiutando di rispondere a tono, per cui "si oppone al gettare benzina sul fuoco, e così, senza più niente da bruciare, il fuoco si spegne". [312] È così perché il perdono placa, rende più calme, tranquille e lisce le relazioni interpersonali e intra-personali.

3.2.4. Il Perdono definisce le Relazioni Interpersonali e Intra-personali

Gli esseri umani si feriscono l'un l'altro, quindi hanno bisogno di perdono. Senza perdono 'troppe ferite farebbero infezione inutilmente '. [313]

Se gli esseri umani si fanno del male l'un l'altro in questo modo, il perdono permette alle ingiustizie di continuare? Il perdono corregge il male o semplicemente lo ignora? Perché il perdono e non il castigo deve definire le relazioni interpersonali? Che cosa può offrire il perdono nei rapporti interpersonali? Alan sostiene che

Il passato non può essere cambiato. Il modo in cui il passato determina le identità attuali, tuttavia, può essere modificato tramite il processo del perdono. Il perdono è l'unico processo in grado di creare una nuova situazione, e rompere lo schema ciclico della ripetizione e della separazione. [314]

Quindi, "dato l'aumento terribile della guerra, del terrorismo e della violenza tutt'intorno a noi oggi, i temi del perdono, della guarigione e della riconciliazione sono urgenti e cruciali ... per il nostro mondo" [315] È evidente che quello che è successo è successo, ma solo il perdono può mettersi in mezzo tra passato e presente in modo tale da rendere possibile un futuro migliore. In questo modo esso diventa "un lubrificante" essenziale in ogni interazione sociale, per cui può "notevolmente facilitare le interazioni tra i gruppi",[316] definisce il rapporto tra noi e le persone intorno a noi. Senza il perdono che agevola la vita sociale, la vita stessa diventerebbe troppo arida e troppo frustrante da vivere.

Definendo il rapporto interpersonale, il perdono rende possibili relazioni interpersonali durature, come il rapporto con il partner, all'interno della famiglia, i rapporti tra colleghi, e con gli amici. In un momento o nell'altro, noi offendiamo il prossimo più o meno consapevolmente, se continuassimo a contare tutti i torti contro di noi, la vita sarebbe troppo pesante da vivere. È il perdono che rende sempre possibile ricominciare. Quando il perdono modella le relazioni sociali, le relazioni interpersonali sono facilitate dal perdono che è la via preferenziale attraverso cui le persone allontanate possono essere riconciliate. Se l'uomo non permette al perdono di definire ogni rapporto interpersonale, allora l'azione dell'oppressore condizionerà il rapporto in modo tale che la vittima sarà lasciata in balia dell'oppressore e ciò può equivalere per la vittima a subire una doppia tragedia. Inoltre

> Se non riusciamo a perdonare, noi consegneremo la nostra amarezza alle generazioni future. E se la politica del risentimento non viene superata, il passato mantiene tutti nella sua morsa. O troviamo il modo di perdonare o ci separiamo dagli altri, e cerchiamo di distruggerci a vicenda. Quindi, il perdono è una necessità pratica per continuare a vivere insieme. [317]

Se scegliamo di perdonare i nostri avversari, allora consegnamo la nostra vulnerabilità e fragilità nelle mani di Dio. Perdonare chi ci ha fatto del male implica abbandonare noi stessi e il dominio della nostra vita nelle mani di Dio. Perdonare l'altro equivale a consegnare il suo peccato all'autorità di Dio che fa nuove tutte le cose, compresi i rapporti umani spezzati. Infatti, «il perdono ridefinisce l'importanza di coloro che ci hanno abusato". Se li perdoniamo, essi diventano meno importanti nella nostra vita e noi possiamo viverla più liberamente. Se non riusciamo a perdonarli, essi diventano molto significativi poiché determinano la nostra vita e in certi momenti addirittura la controllano. In questo modo il perdono "disarma il potere di ferire degli altri", disarma il male perché quel male non è più un punto di riferimento per il nostro modo di agire e reagire. Quando ciò non si realizza attraverso il perdono, l'alternativa è di continuare a "soffrire sotto la tirannia di quella persona, o di essere condannati ad una ricerca ossessionante di armi simili da utilizzare contro di lei". [318] Tra gli individui il perdono può essere comune, alcuni invece si domandano se esso possa essere applicato in situazioni socio-politiche.

Si è osservato che "i filosofi giuridici e politici hanno ignorato la dimensione politica del perdono. Lo hanno fatto nella convinzione che il principale scopo morale dello Stato è la giustizia, concepita in termini di tutela dei diritti individuali ". [319] Non solo, i pensatori politici vedono il perdono più come un'etica spirituale privata che non ha bisogno di molta attenzione nella vita politica, lo considerano come un aspetto della morale personale, che deve essere applicato solo tra i soggetti interessati nei loro rapporti privati; pertanto, ritengono che il perdono non faccia parte della morale politica. Di conseguenza, "anche se le singole vittime possono perdonare, le istituzioni non possono", dal momento che "il compito principale delle istituzioni è perseguire la giustizia". [320] Se le istituzioni sociali limitano le loro azioni solo alla giustizia, come può essere vivibile la società? Fino a che punto la giustizia sarà in grado di correggere gli errori sociali del passato in cui l'umanità si è trovata? A questo proposito, Akl e Mullet osservano che "i rapporti interpersonali sono pieni di conflitti e disaccordi. Se questi disaccordi devono essere risolti mediante procedure simili a quelle del sistema giudiziario, allora la vita sociale sarebbe intollerabilmente pesante".[321] Seguendo questa tendenza, Amstutz osserva che "Il perdono non è la negazione", piuttosto, si tratta di smettere di sperare in un passato migliore. Il perdono politico non è rinuncia alla memoria, ma un mezzo attraverso il quale l'eredità di un male passato viene riscattata, rendendo così possibile la guarigione dalle ferite personali e interpersonali ". [322]

Amstutz và oltre individuando quattro elementi [323] che possono aiutare nella realizzazione del perdono politico. Il primo elemento della sua presentazione è dire la verità. Ciò implica che le grandi offese collettive devono essere rivelate pubblicamente, e riconosciute ufficialmente. Il secondo elemento verso il conseguimento del perdono politico è l'espressione del rimorso. Per citare un esempio di questo, Amstutz ha fatto riferimento a Giovanni Paolo II che ha illustrato in modo formidabile il ruolo della confessione pubblica nel 2000, scusandosi per alcuni dei maggiori peccati istituzionali compiuti dalla Chiesa Cattolica Romana. Ancora, fa riferimento all'espressione, da parte del governo degli Stati Uniti, delle sue scuse per tutti i giapponesi che sono stati forzatamente internati dagli americani durante la Seconda Guerra Mondiale. Questo rimorso è stato dichiarato pubblicamente ed espresso attraverso lettere individuali inviate a ciascuna delle vittime.

Il terzo elemento che può aiutare a raggiungere il perdono in campo politico è l'empatia. Ciò significa che coloro che prima erano nemici politici si devono trattare l'un l'altro con dignità e rispetto, non badando alle offese passate; qui ci vuole la massima di Sant'Agostino, 'ama il peccatore e odia il peccato'. Amstutz osserva che questo è davvero difficile dato che il primo istinto dell'uomo è quello di vendicarsi per le offese del passato. Tuttavia, egli chiarisce che la vendetta non ottiene la guarigione o la giustizia, al contrario, prolunga l'ostilità e la diffidenza, rendendo possibili future violenze. Egli invita i leader politici a creare un forum pubblico in cui l'empatia possa essere nutrita e in questo modo si possa porre fine alla violenza. Il quarto elemento per ottenere il perdono politico è 'alleviare una sanzione o una pena giustificata.'

Da parte sua, Hannah Arendt aveva già sottolineato il ruolo del perdono nella politica. Era una filosofa e teorica-politica tedesca-americana nata nel 1906 e morta nel 1975. Era di origini Ebree e ha rifiutato di essere chiamata filosofa in quanto secondo lei la filosofia si occupa dell'uomo al singolare, mentre per lei non è l'uomo ma gli uomini che vivono nel mondo. Una delle sue opere più importanti è la *Condizione Umana* scritta nel 1958. [324] È stata uno dei primi teorici ad esplorare il potenziale ruolo del perdono nella politica, sostiene che il perdono è essenziale alla vita comunitaria perché fornisce un mezzo per "annullare gli atti del passato ... la distruzione di ciò che è stato fatto sembra mostrare lo stesso carattere di rivelazione dell'azione in sé" [325] Questo disfacimento storico è di vitale importanza in quanto:

> Gli abusi sono all'ordine del giorno ... e necessitano di perdono, di distacco, perché la vita possa continuare ... solo attraverso questo costante reciproco liberazione da quello che hanno

fanno, gli uomini possono rimanere liberi nel loro agire; solo con una costante volontà di cambiare idea e di ricominciare, possono avere fiducia e un potere così grande da iniziare qualcosa di nuovo ". [326]

Nel suo messaggio per la Giornata Mondiale della Pace del 2002 Giovanni Paolo II, ha sottolineato queste idee affermando che il perdono è essenziale nella costruzione di società stabili e giuste. Secondo lui

> Anche la società ha assolutamente bisogno di perdono. Le famiglie, i gruppi, le società, gli stati e la comunità internazionale stesse necessitano di perdono per rinnovare i legami che sono stati deteriorati, per andare oltre alle situazioni sterili di condanna reciproca e per superare la tentazione di discriminare gli altri senza appello. La capacità di perdonare è davvero alla base del concetto stesso di società futura. [327]

Molte persone possono avere la convinzione che il perdono è fondamentale nella vita. Alcuni possono non saperlo e preferiscono fondare ogni aspetto della vita solo sul concetto di giustizia. Tuttavia, anche chi comprende il valore del perdono, trova a volte difficile perdonare. Quindi, non è affatto un compito facile dato che "imparare a perdonare ed essere perdonati" è un curriculum lungo la vita per cui non possiamo mai veramente considerarci "laureati". [328] Non solo a livello interpersonale, ma il "perdono" facilita notevolmente anche le relazioni intra-personali. Senza una sana capacità di perdonare se stessi, la disperazione e gli istinti suicidi potrebbero essere gli ingredienti quotidiani dell'umore della maggior parte delle persone. Non ci sarebbe un futuro felice per nessuno ".[329] In ogni caso, una cosa che è molto importante notare è che 'l'esercizio del perdono resta una decisione personale '.

3.2.5. Il perdono implica una decisione personale

«Che cosa facciamo con la rabbia che si prova quando si riceve un torto; come rispettiamo il dolore e la rabbia legittima che sentiamo insieme e come esercitiamo la virtù morale per perdonare "?[330] Questa domanda posta da Anthony Bash ha molto da dire riguardo la discussione sul perdono. La rabbia legittima che proviamo ci spinge più verso la vendetta per poterla placare. Questo sentimento in sé è naturale per l'uomo; umanamente parlando, l'individuo è incline alla scelta della vendetta. Riconoscere questi sentimenti di odio e risentimento è considerato un primo passo verso il perdono.[331] Poi ora arriva il problema della scelta. Decidere di perdonare è visto come un'azione che si pone in netto contrasto con la spinta ben più forte della vendetta. Riflettendo su questo, Lynn osserva che "il perdono è un atto di sfida".[332] Questa sfida implica una decisione di agire in contrasto con ciò a cui la nostra tendenza naturale ci spingerebbe. Secondo Stortz,

Questo gesto di sfida corrisponde esattamente a tutto ciò che i Vangeli narrano abbia compiuto Gesù. Attraverso il suo ministero terreno, Gesù è entrato in relazione con le persone bisognose senza discriminazioni. Non gli importava granché se qualcuno dei suoi seguaci considerava altri come nemici "... L'amore è un gesto di sfida in un mondo che rischia di autodistruggersi a causa dell'odio. Il perdono arresta un ciclo di violenza e orienta tutte le parti coinvolte verso la riconciliazione. [333]

Questa decisione da parte della vittima di perdonare il suo oppressore ha una sua motivazione. Il perdono non è strettamente a beneficio dell'autore del reato, ma è più in favore della vittima. La vittima, che perdona, assume una decisione legata a questa riflessione: "tu hai seminato odio ma io mi rifiuto di esserne portatore. L'odio è un parassita, la violenza è il suo sintomo, ma tu non potrai utilizzare il mio corpo o il mio cuore come suo ospite ". La vittima aggiunge

> ... tu hai suscitato in me la voglia di distruggere, l'impulso di cercare vendetta; ma io resisterò a questi effetti sui miei sentimenti. Non ti permetterò di degradare la mia vera natura restando schiacciato dalla tua mano e diventando una persona rancorosa o crudele ... Non ti permetterò di condizionare la mia reazione. La mia risposta è solamente mia ed essa deve riflettere me stesso ... [334]

Tutte queste sono decisioni personali prese dalla vittima, nonostante il sentimento di odio e di vendetta. Il perdono come decisione personale di agire in barba all'odio è come nuotare contro corrente. Così, la vittima può procedere oltre e dire, "Provo un'aspirazione magnetica verso l'odio ... Tuttavia mi rifiuto di odiarti...Porterò la pace nel mio corpo e nella mia mente ... dove mi hai insegnato ad odiare, io mi ribellerò amando." [335] È questo atto di ribellione e questo atteggiamento in contrasto con l'impulso di vendetta che fa del perdono una decisione di sfida.

B.A. Binau osserva che il perdono si compone di due elementi: "tenere dentro" e "lasciare andare". Secondo lui, "Il perdono è la libertà - la libertà di "tenere dentro"e" lasciare andare" come si vuole[336] "Tenere dentro" implica una decisione di mantenere il rancore per un tempo abbastanza lungo in modo da capire l'entità del male che è stato fatto, implica la fatica di conoscere nel modo più completo possibile l'entità del male. La vittima può anche "tenere dentro" per un lungo periodo, non solo per conoscere in profondità l'oppressione ricevuta ma anche per dare spazio all'intervento della legge. [337] Tutto dipende dalla decisione personale della persona coinvolta. Tuttavia, "tenere dentro" troppo a lungo permette al male ricevuto di ripetersi più e più volte. Anche se è vero che non possiamo lasciare andare ciò che non abbiamo capito, tuttavia, una volta compreso il motivo essenziale del torto, sarebbe meglio, possibile e vantaggioso per noi lasciarlo andare. [338]

M.H. Suchocki descrive questo movimento dal 'tenere dentro' al 'lasciare andare' da un punto di vista spirituale. Ciò comporta il significativo atto di 'allentare la nostra presa sul risentimento' e di 'stringere la nostra presa con Dio'. Ciò perché solo Dio conosce la piena portata di quanto è successo. Pertanto, 'lasciare andare' non si può intendere nel senso di "mollare la realtà; piuttosto significa che attraverso la preghiera, ci poniamo nelle braccia di Dio e ci affidiamo a Lui. Siamo tenuti tra le Sue braccia - non per essere travolti dal nostro dolore, ma per essere accompagnati attraverso di esso.[339] Due cose importanti da notare sono: la volontà di consentire a noi stessi di essere trasportati dalle braccia di Dio insieme con i nostri dolori. Quando non si compie questa decisione, le vittime continuerebbero a portare i loro dolori nelle proprie mani e questo lascerebbe sulle loro spalle un pesante fardello. La seconda cosa è la natura spirituale di questa presentazione di Suchocki; essa ha introdotto l'idea della preghiera, quindi anche se il perdono è visto come un atto di decisione personale compiuto in segno di sfida al male, la domanda è: "l'individuo può fare tutto da solo con le sue capacità?

Nel rispondere a questa domanda, J. Ramsey e A.G. Padgett osservano,

> Nelle sue più profonde dimensioni il perdono non è mai una realizzazione umana, un atto che facciamo da soli, con le nostre sole forze ... La verità ... è che il perdono, compreso quello che avviene tra gli esseri umani, è radicato e si fonda

nella grazia di Dio ... quando attraverso l'aiuto di Dio ... accettiamo le perdite e il male che abbiamo vissuto, il perdono umano diventa possibile. [340]

K.V. Oosten, mette in evidenza questo legame tra la decisione umana e la grazia divina per ottenere il perdono, dal momento che la grazia per lui è "una collaborazione divina con certe intenzioni umane che dovrebbero avvenire contemporaneamente ad essa come l'umiltà, la mitezza, il rifiuto della vendetta." [341] Pertanto, per R. Kolb, sia da parte della vittima che dell'oppressore "la pratica del perdono, della sopportazione e dell'aiuto reciproco ... richiede una speciale assistenza di Dio..."[342] La Grazia è qui intesa come una cooperazione e un'assistenza divine che aiutano l'essere umano a realizzare il perdono. Questa grazia di Dio è sempre presente per noi, ed è lasciata a noi la libertà di aprire il nostro cuore e di permettere che essa lavori con noi e in noi, per raggiungere il perdono. Secondo questa linea di pensiero, pertanto, il "perdono sincero e vero è il risultato della volontà e della prontezza della vittima ad abbandonare il proprio diritto di vendetta e non vedere l'ora – con la grazia di Dio presupposto fondamentale, di riparare i rapporti spezzati o danneggiati e alla fine ristabilire la pace ..."[343]

Anche se il perdono avviene attraverso una decisione personale aiutata dalla grazia di Dio, l'esperienza comune dimostra che non è un compito facile. Tuttavia, non possiamo avere alcuna alternativa se non quella di imparare a perdonare poiché il perdono definisce la relazione interpersonale e intrapersonale nella società. Vale la pena prendere la decisione di perdonare in quanto comporta la guarigione delle persone coinvolte e il ripristino della relazione. Abbracciando la realtà del perdono, le vittime e gli autori dei reati si liberano dalla prigionia del passato. La vittima si libera dalla rabbia e dal risentimento, mentre l'oppressore viene liberato dall'esclusione dalla comunità. [344] Liberando la vittima e l'autore del reato, il perdono offre ai due la possibilità di camminare ancora una volta insieme nel percorso della vita. Secondo Stortz, senza la decisione di perdonare "ognuno è condannato a viaggiare da solo, allontanato dagli altri da tutto, dal risentimento meschino alla crudeltà inimmaginabile". [345] Quindi, la scelta di perdonare è una scelta di libertà, il perdono accorda la libertà sia alla vittima che all'autore del reato.

3.2.6. Il perdono libera sia la vittima che l'autore del reato

Perdonare una persona che ti ha offeso significa compiere un passo verso la guarigione dal proprio dolore. Anche se il perdono può essere visto come un gesto di generosità verso l'autore del reato, esso rende un beneficio anche a chi perdona poiché non riuscire a perdonare lascia la vittima in uno stato cronico di impotenza e di amarezza ... Il perdono permette a coloro che hanno subito un torto di lasciare andare, in modo da non avere più nessun legame negativo con il maltrattamento ricevuto. [346]

Dalle sue radici ebraiche e greche, il perdono significa rilasciare o rimettere in libertà. Chi è la persona
rimessa in libertà? È chi perdona o chi è perdonato o
entrambi? Tra Dio e l'uomo, il perdono libera
l'uomo. Tra le persone il perdono libera l'autore del
reato dalla schiavitù della colpa e libera la persona offesa dal covare sentimenti distruttivi di rabbia, paura,
amarezza e vendetta. Per quanto riguarda l'autore
del reato, Hannah Arendt mette in risalto questo
aspetto,

> Senza essere perdonati e liberati dalle conse-
> guenze di ciò che abbiamo fatto, la nostra capa-
> cità di agire sarebbe per così dire, confinata alla
> sola azione dalla quale non potremmo mai ri-
> prenderci; cioè, resteremmo vittime delle sue
> conseguenze per sempre, un po' come un ap-
> prendista stregone cui manca la formula magica
> per spezzare l'incantesimo. [347]

Dalla parte della vittima, Lewis Smedes osserva
che "quando si perdona un'altra persona si resta sor-
presi della nostra libertà ... si perdona in libertà e si
giunge ad una libertà più grande" [348] Di conseguenza, il perdono è una "decisione consapevole da
parte della persona offesa, volta a liberare l'autore
del reato dalla pena e dalla colpa del reato commesso. Questo rilascio non solo libera l'autore del
reato dalla colpa e dalla punizione, ma libera anche
chi perdona dalla rabbia e dal rancore." [349] È un dono
per sé (per colui che perdona). Crea un percorso
verso la libertà e la possibilità di un futuro senza

rancore. [350] Libera sia la vittima che l'aggressore dal loro passato, offrendo la libertà dal reato passato e sostenendo nuove relazioni con i propri simili che possono anche loro sbagliare. [351] In realtà senza il perdono, la vittima e l'autore del reato rimangono entrambi schiavi del passato senza alcuna prospettiva per il futuro. Senza di esso, rimarrebbero entrambi prigionieri del passato. [352]

Secondo Mark Amstutz

> Nell'uso comune, il perdono è l'abolizione del debito. Oggettivamente, il perdono è l'atto di rifiutare ogni pretesa di risarcimento. Soggettivamente, esso è il processo attraverso il quale le vittime rinunciano alla rabbia e al risentimento verso chi le ha offese in modo che il male commesso nel passato cessi di controllare il presente. [353]

In un primo momento, il perdono sembra essere un dono per l'autore del reato, una concessione di libertà. Tuttavia, in realtà, si liberano sia l'autore del reato che la persona offesa, garantendo la libertà sia per la persona perdonata che per la persona che perdona. È l'unico modo in cui una persona può essere libera nel suo spirito; fintanto che non si perdona, si sta permettendo al misfatto di un'altra persona di condizionare la nostra vita. In una situazione simile, reazioni come amarezza, negatività, e desiderio di vendetta ci tengono in schiavitù. Se al perdono non è concessa la possibilità di modellare le relazioni umane, ogni persona rimarrebbe nella schiavitù del torto che un'altra le ha inflitto, quindi la vita diventerebbe insopportabile. In questo modo, non solo il perdono libera il trasgressore, ma porta anche la libertà nello spirito di chi lo sta concedendo. Kolb si esprime in questo modo,

> Quando perdono altri esseri umani che mi hanno ferito o offeso, io libero me stesso da coloro che mi hanno fatto del male. Il desiderio di vendicarsi, il continuo rimuginare sui torti subiti mi lasciano legato e prigioniero del male sofferto e quindi di chi mi ha ferito. L'azione di questa persona continua a definire almeno una parte di quello che sono e di quello che voglio fare. Il perdono libera. Non permetto più al nemico di condizionare i miei pensieri. [354]

Se l'essere umano non riesce a permettere che il perdono definisca la relazione interpersonale, allora è l'azione dell'oppressore che condiziona questo rapporto e a questo punto la vittima è lasciata in balia dell'oppressore. Questo può portare la vittima a subire una doppia tragedia. Questa situazione ci introduce al tema del perdono reciproco. Il perdono non è infatti in una sola direzione. Esso tocca la vittima e l'autore del reato, ed è di beneficio per entrambi. Che cosa realmente implica il perdono reciproco?

3.3. Il concetto di 'perdono reciproco'

"Reciproco" deriva dalla parola greca (Allelon), che significa 'l'uno con l'altro', 'voi stessi', 'loro stessi.'[355] Reciproco o comune può dunque dire che indichi "azioni che riguardano due o più persone nello stesso modo", "azioni condivise da due o più persone."[356] Di conseguenza, per usare il termine 'reciproco,' ci devono essere almeno due persone. Reciproco implica reciprocità tra le persone coinvolte, a questo proposito che si può parlare di rispetto reciproco, di perdono reciproco, in questo senso, è più un dare è un ricevere. Tuttavia, ci può essere un momento in cui il termine reciproco non significa propriamente una reciprocità in termini di dare e avere. In tal caso, implica sempre due persone o gruppi ma ora nel senso dell''uno e l'altro.' Ad esempio, quando si parla di 'reciproca convenienza,' questa implica una convenienza che comune coinvolge due persone o gruppi. Che cosa significa allora il perdono reciproco?

3.3.1. Il significato di 'perdono reciproco'

Il perdono reciproco si può interpretare da diverse prospettive. In primo luogo, può essere un atto reciproco. Qui, significa chiedere e offrire il perdono da parte di due persone o gruppi che si sono offesi a vicenda.

In secondo luogo, quando una vittima concede il perdono a un oppressore, c'è un nuovo concetto di perdono reciproco. Secondo Giovanni Paolo II, anche quando la vittima concede il perdono all'oppressore, c'è ugualmente uno scambio di misericordia e di perdono. Per lui, l'amore misericordioso che comporta il perdono non è mai un atto o un processo unilaterale (Dives *in Misericordia* § 14: 2). Chi pratica la misericordia o il perdono scopre la propria umanità più profondamente perché riconosce la dignità umana dell'altra persona (§14: 11). In questo senso, la reciprocità implica uno scambio di doni. La vittima che concede il perdono riceve a sua volta la pace dello spirito e umanità realizzata, mentre il trasgressore riceve il perdono, così come la realizzazione della sua umanità. Quindi, contrariamente a quanto sostengono alcune persone, il Santo Padre ricorda che

> Nelle relazioni reciproche tra le persone l'amore misericordioso non è mai un atto o un processo unilaterale. Anche nei casi in cui tutto sembra indicare che solo una parte sta dando e offrendo e l'altra solo ricevendo e prendendo ... in realtà chi dà è sempre anche un beneficiario. In ogni caso, anche lui può facilmente trovarsi nella posizione di chi riceve, chi ottiene un beneficio, chi sperimenta l'amore misericordioso; anche lui può ritrovare se stesso come oggetto della misericordia (§ 14: 2).

Ogni volta che si offre misericordia, si riceve grazia (Matteo 25: 31-46). Implicitamente, "un atto d'amore misericordioso, è veramente tale solo quando si è profondamente convinti nel momento in cui si compie che nello stesso tempo riceviamo misericordia da coloro che la stanno accettando da noi" (§ 14: 3). L'interpretazione del perdono in modo unilaterale và di pari passo al problema di creare una certa distanza tra chi pratica il perdono e chi lo riceve. Una tale concezione è un tentativo da liberare dalla misericordia i rapporti interpersonali e sociali e di fondarli unicamente sulla giustizia (§ 14: 4). Al contrario, "l'amore misericordioso dà la possibilità a tutti gli uomini grandi e piccoli di accedere al Padre, perché non vi è alcuna differenza tra loro agli occhi di Dio, ma sono tutti uguali nel suo amore" [357]

Il terzo modo di intendere il perdono reciproco si riferisce ad uno scambio di perdono come processo della vita e parte dell'esistenza di un 'uomo. Così, la persona che pratica la misericordia è anche un beneficiario di misericordia. Allo stesso modo, una persona che concede il perdono è sempre un beneficiario del perdono. Chi concede il perdono oggi ad un altro, potrebbe domani ricevere il perdono da un'altra persona diversa da quella a cui lo ha concesso. Noi siamo tutti beneficiari o potenziali beneficiari di misericordia e di perdono prima o poi.

La misericordia o il perdono non possono essere compresi bene al di fuori della loro reciproca connotazione. In nessun momento dobbiamo pensare di non aver bisogno del perdono. Se sappiamo che in un momento o nell'altro avremo bisogno del perdono, allora è un motivo in più per concederlo in modo da riceverlo a tempo debito. Se il perdono è sempre reciproco, quali sono i fattori che richiedono questa reciprocità?

3.3.2. Fattori che richiedono il Perdono Reciproco

Il solo fattore che richiede il perdono è 'la trasgressione'. Può essere una trasgressione unilaterale, nel quale una parte offende l'altra; ci può essere un caso in cui entrambe le parti sono colpevoli; In ogni caso, è necessario il perdono reciproco come illustrato sopra. Tuttavia, il tipo di perdono che proponiamo in questa opera è quello di mutuo perdono in termini di reciprocità. Le diverse confessioni cristiane nella Nigeria sud-orientale hanno in un modo o nell'altro contribuito al malinteso che esiste ora tra loro. In questo caso, il perdono sarà chiesto reciprocamente da tutti e reciprocamente ricevuto da tutti. Nessuna parte può pretendere di essere la vittima e l'altra l'autore del reato. Così, secondo Miroslav Volf, "in qualsiasi conflitto caratterizzato da una storia prolungata, ciascuna parte si vede come vittima e percepisce il suo rivale come autore del reato." [358]

Il mutuo perdono in termini di reciprocità è richiesto in diversi aspetti della vita. Ogni trasgressione all'interno di congiunti, richiede il perdono reciproco; si impone nel contesto familiare ogni volta che si verifica una trasgressione, Il bisogno di perdono reciproco esiste nelle società più piccole in cui le persone si offendono le une contro le altre.

Il documento, *Memoria e Riconciliazione* elaborato dalla Commissione Teologica Internazionale presenta le divisioni tra i cristiani nei secoli scorsi, in particolare gli scismi tra Oriente e Occidente, la Riforma, l'uso della forza al servizio della verità, i rapporti tra ebrei e cristiani come problemi che richiedono il perdono reciproco. [359] Paul Ricoeur, nel suo articolo 'Quale nuova etica per l'Europa,' sostiene che i mali sociali compiuti da alcune società nel passato contro altre società richiedono il perdono reciproco oggi per evitare che l'uomo si trovi in una catena di vendetta e contro-vendetta.[360] Tutti questi e molti altri rappresentano fattori che richiedono il perdono reciproco. In tutto questo contesto, come si può realizzare il perdono reciproco?

3.3.3. Realizzare il Perdono Reciproco

Qui il tema principale è 'quando e come il perdono reciproco è effettivamente realizzato'? In una offesa in cui due parti sono reciprocamente coinvolte, che cosa è necessario per realizzare il perdono reciproco? È in questo contesto che alcune persone sono scettiche circa l'idea del perdono reciproco a causa di varie difficoltà. In una situazione in cui vi è reciproca offesa tra due parti, l'ideale sarebbe che entrambe le parti siano coinvolte nella richiesta e nello scambio di un reciproco perdono. Questo è il modo ideale per ottenere il perdono reciproco derivante da una reciproca offesa. In questo caso, pertanto, se una parte chiede il perdono e l'altra parte non è pronta a chiedere perdono né a concedere il perdono richiesto dall'altra parte, allora parrebbe che la mutualità dell'atto sembri essere sconfitta a causa della mancanza di reciprocità e del sospetto. Tuttavia, quando una delle parti non è pronta a chiedere o concedere il perdono, il perdono reciproco può ancora essere realizzato. In questo caso, la parte che chiede e concede il perdono, alla fine riceve il perdono da Dio e riceverà il perdono da altre persone diverse quando ce ne sarà necessità.

Nel caso di una vittima e di un oppressore, il perdono reciproco si ottiene quando l'autore del reato chiede perdono all'offeso. La vittima, che concede perdono, riceve lo stesso perdono da Dio e dagli altri. Tuttavia, se l'oppressore non riesce a chiedere perdono, è consigliabile che la vittima per il proprio bene, conceda il perdono al suo persecutore. Nel momento stesso in cui sta concedendo il perdono all'autore del reato, la vittima riceve il perdono di Dio. Se la vittima attende che l'autore del reato chieda perdono prima di concederlo essa corre il rischio di mantenere la sua vita in balia del persecutore, che a volte, potrebbe non curarsi affatto del benessere dell'offeso. Così, per il benessere spirituale, fisico e mentale della vittima, essa è incoraggiata a perdonare. La vittima, che concede il perdono, lo fa a reciprocamente in modo indiretto. Con la concessione del perdono essa ha ricevuto la pace della mente, conseguenza del perdono, e ha desiderato la stessa pace per l'altra parte. Con la concessione del perdono al persecutore, la vittima rivela che anche lei può ricevere il perdono da un'altra persona in futuro. In una situazione in cui l'autore del reato chiede perdono, ma la vittima non vuole concederlo, si applica lo stesso principio. Tutti questi sono aspetti diversificati della mutualità implicata in un atto unico, anche se l'altra parte non è stata coinvolta reciprocamente. Una volta concesso il perdono, significa che si dimentica il male?

3.4. La relazione tra perdono e oblio

'Perdona e dimentica' è quasi una massima universale. Ma il perdono implica dimenticare? È possibile che la persona che perdona ricordi ancora l'offesa? W.H. Peterson risponde in questo modo: "... in contrasto con l'adagio comune 'perdona e dimentica,' ... il perdono non ha niente a che vedere con l'oblio." [361] Perché il perdono non sta insieme a dimenticare? Prima di poter parlare di perdono, ci deve essere un ricordo del male passato. Secondo C.L. Zeiders, il perdono implica

> riconoscere che una persona ti ha ferito abusando di te; riconoscere la volontà di punire la persona che ti ha offeso; affermare la volontà di perdonare il trasgressore al di là della volontà di punirlo; un intenzionale cambiamento di pensiero che fa la vittima insistere su questo concetto 'non chiedo di farti soffrire nel modo in cui mi hai fatto soffrire'. [362]

Il perdono non può esistere senza il ricordo, perdonare implica ricordare, non possiamo perdonare ciò che abbiamo dimenticato. Pertanto, il perdono non significa che il male è accettato passivamente in modo distaccato, si tratta di accettare che il male è stato fatto e la sofferenza ne è scaturita. Soltanto quando ricordiamo e ammettiamo tutto ciò, si può affermare che il perdono può avvenire. Smedes si esprime così: "Non potrai mai perdonare le persone per cose che hai dimenticato. Hai bisogno di perdonare proprio perché non hai dimenticato quello che qualcuno ti ha fatto ... " [363] Intraprendere la via della riconciliazione non significa che gli individui e le comunità debbano perdonare e dimenticare, ma piuttosto aiutarli a ricordare e a cambiare. [364] In altre parole, l'arte di ricordare nel processo del perdono è una decisione di non fermarsi al guardare in dietro, ma di compiere uno sforzo per superare e trasfigurare i dolori del passato in modo tale da costruire società vive che guardano a futuro. [365]

Dopo che le vittime hanno perdonato i loro persecutori, si potrebbe voler sapere se le offese siano ancora ricordate. Possono ancora essere ricordate perché la memoria non è stata spazzata via, ma guarita attraverso il perdono. Tuttavia, il ricordo avviene in modo diverso. Secondo Desmond Tutu: "Nel perdono, alla gente non viene chiesto di dimenticare. Al contrario, è importante ricordare in modo da non permettere che tali atrocità si ripetano più. " [366] Quando il perdono ha avuto luogo, il male può essere ricordato, ma non più come un ostacolo ai rapporti umani, dal momento che è stato perdonato. Quindi, "quando il perdono è efficace, il male viene ricordato, ma non indica il piano per il futuro né consuma la vita delle persone con emozioni negative." [367]

Il perdono implica dimenticare e ricordare. Implica dimenticare nel senso che la vittima non si rapporta all'autore del reato basandosi sul torto subito. Implica anche ricordare perché la memoria della vittima è ancora funzionante, pertanto, quando perdoniamo o consegniamo qualcosa all'oblio realizziamo due azioni simultanee: quello che abbiamo perdonato deve essere dimenticato e, allo stesso tempo, deve essere ricordato. [368] "Perdonando le persone che ci hanno fatto del male, non cancelliamo le esperienze dolorose del passato dalla nostra memoria." [369]

Come conciliare tutto questo con la frase, 'perdona e dimentica'? Questo tipo di 'dimenticare' che accompagna il perdono non implica 'cancellare dalla memoria.'Implica piuttosto il rifiuto di lasciare che il male compiuto continui a determinare la libertà futura del malfattore o il modo di relazionarsi ad esso. [370] Implica entrare in relazione con il persecutore indipendentemente dal male passato dal momento che è stato concesso il perdono. Così, il male passato non viene negato, ma è privato del suo potere di plasmare il futuro. Dimenticare in questo senso implica una trasformazione del passato in modo che esso non distrugga più a la gioia, la pace e l'amore nel presente. Dimenticare implica la capacità di andare oltre le colpe commesse contro di noi, rifiutando di permettere loro di diventare ostacoli alle relazioni future. Tuttavia, attraverso il perdono tale memoria viene guarita. La guarigione delle memorie rinforza il benessere psicologico e la salute fisica della vittima, così come dell'autore del reato.

3.5. La relazione tra il perdono e la salute fisica / il benessere psicologico

Il perdono ha molto a che fare con la salute generale di chi perdona, come di chi viene perdonato. Dare e ricevere il perdono sono due facce della stessa medaglia, che costituiscono una parte indispensabile di una persona. Pertanto, la riluttanza a perdonare o a chiedere perdono crea già una sorta di squilibrio psico-fisico nella vita delle persone coinvolte, e spesso le persone lo sanno, sanno che il perdono favorisce la guarigione della mente e del corpo. Tuttavia, la maggior parte delle persone non lo realizza perché sono prigionieri della loro incapacità di perdonare e, a volte, non sanno proprio come agire. [371] Questo squilibrio che và di pari passo con la mancanza di perdono è a volte peggiore del male compiuto dal momento che porta con sé alcune tensioni psicologiche e fisiche. Queste tensioni psicologiche possono ridurre potenzialmente la soddisfazione della vita e l'autostima, aumentando gli effetti negativi dell'individuo [372].

Alcuni studiosi ritengono che le persone che non riescono a perdonare i loro persecutori sviluppino più problemi psicologici, quindi perdonando si toglierebbe loro un peso psicologico e spirituale. [373] Essere sollevati da questo peso psicologico migliora anche la salute fisica delle persone coinvolte. Il perdono ci riconcilia con noi stessi e con gli altri e in questo modo ripristina la salute fisica. [374] Essendo importante per la persona umana nel quotidiano, il perdono può essere incoraggiato attraverso interventi individuali e di gruppo. Infatti, il perdono è in relazione con la felicità e il benessere della persona, e il suo risultato interpersonale è positivo. Ciononostante, alcuni sostengono che il perdono sia in contrasto con la richiesta di giustizia. La giustizia e il perdono sono davvero in contrapposizione?

3.6. Confronto fra il perdono e la Giustizia

Uno dei motivi per i quali alcune persone evitano misericordia o perdono è che esso và contro le norme della giustizia, dando così spazio al permissivismo. Quale dovrebbe essere la giusta relazione tra misericordia o perdono da un lato e giustizia dall'altro? Giovanni Paolo II nella sua enciclica *Dives in Misericordia* affronta questo problema. Il Papa inizia con il riconoscere e apprezzare un risveglio della giustizia nel mondo di oggi (§ 12: 1) Egli fa notare che anche le Chiesa cattolica condivide con la gente di oggi questa ricerca di giustizia, per rendere la società umana migliore come è evidente nell'ambito della dottrina sociale cattolica sviluppata nel corso del secolo scorso (§ 12: 2).

Tuttavia, egli osserva che, anche se la gente di oggi esalta la giustizia, a volte questa giustizia non riesce a raggiungere l'obiettivo prefissato. Così

...Sarebbe difficile non notare che molto spesso i programmi che partono dall'idea di giustizia e che dovrebbero servire alla sua realizzazione tra gli individui, i gruppi e le società umane, in pratica soffrono di distorsioni. Anche se continuano ad appellarsi al concetto di giustizia, tuttavia, l'esperienza dimostra che altre forze negative hanno preso il sopravvento sulla giustizia, come il disprezzo, l'odio e persino la crudeltà. (§ 12: 1).

Questo problema si solleva ogni volta che il concetto di giustizia nel nostro tempo è riproposto come il concetto di giustizia secondo il Vecchio Testamento: "occhio per occhio", "dente per dente (Matteo 5: 38). Così, per esempio, in nome di una presunta giustizia, il vicino di casa è a volte distrutto, ucciso, privato della libertà o spogliato dei suoi diritti fondamentali. Pertanto, l'esperienza del passato e quella odierna dimostrano che la giustizia non è sufficiente, anzi può anche portare alla propria negazione o distruzione se non viene accompagnata da amore, misericordia e perdono (§ 12: 3).

Poiché la giustizia da sola non è sufficiente, l'amore misericordioso e il perdono sono visti come forze più profonde che dovrebbero lavorare mano alla mano con la giustizia per plasmare la vita umana in varie dimensioni. Così, nel Vecchio Testamento il popolo di Israele veniva incoraggiato a fare appello alla misericordia di Dio e a contare su di essa ogni volta che non manteneva la propria fedeltà all'alleanza con Yahweh (Osea 11: 7-9; Geremia 31: 20; Isaia 54: 7 e seguenti). In tali circostanze si cercava la misericordia divina piuttosto che la sua giustizia; poiché la misericordia divina si è rivelata non solo più potente della giustizia divina, ma anche più profonda (§ 4: 11).

Giovanni Paolo II applica la parabola del figliol prodigo per dimostrare il rapporto tra la giustizia e il perdono. Fondandosi soltanto sulla giustizia, il figliol prodigo sarebbe stato trattato in un modo completamente diverso. Tuttavia, affidandosi alla misericordia e al perdono, la realtà fu differente. Così,

> Il figliol prodigo, dopo aver sperperato l'eredità ricevuta da suo padre, merita - dopo il suo ritorno - di guadagnarsi da vivere lavorando in casa del padre come un servo salariato e, eventualmente, a poco a poco, di ricostruire una certa disponibilità di beni materiali, anche se forse mai tanto quanto l'entità sperperata. Questo sarebbe richiesto in nome della giustizia (§ 5: 6).

Questa richiesta in nome della giustizia fa pensare ad alcuni che l'azione del padre del figliol prodigo darà spazio a un lassismo nel quale nessuno sarà ritenuto responsabile per le proprie azioni. Questo rappresenta l'argomento del fratello maggiore del figliol prodigo. Non è andato alla festa perché non ne vedeva alcuna giustificazione. Ciò richiede una certa cautela. "Il perdono non è una copertura. Al centro del perdono c'è la realizzazione della giustizia. Ciò richiede reciprocità e mutualità nel processo di riconciliazione ". [375] Pertanto, la vera misericordia o perdono in realtà dovrebbe essere la fonte più profonda della giustizia (§ 14: 4). Il Santo Padre collega la parabola del figliol prodigo con la richiesta di Cristo rivolta a Pietro di perdonare settanta volte sette. Tuttavia, egli avverte che tale generosa richiesta di perdono non cancella i requisiti oggettivi di giustizia. È così perché, quando è compresa bene, la giustizia costituisce l'obiettivo del perdono. Quindi, "in nessun passo del Vangelo il perdono o la misericordia come sua fonte indicano indulgenza verso il male, lo scandalo, o verso le ingiurie o gli insulti" (§ 14: 10). La struttura fondamentale della giustizia entra nella sfera della misericordia. Per questo

il rapporto tra la misericordia, l'amore e la giustizia ha bisogno di un'attenta riflessione. Il Vangelo si occupa di esseri umani che hanno diritti e doveri. La buona notizia è che esistono atteggiamenti e azioni che vanno ben oltre il dare a tutte le persone il loro dovuto. Ci rendiamo conto che il cammino alla verso la ricerca di una pace fondata sulla giustizia è in un mondo frammentato e fragile. Rischiamo ferite e danni gravi quando tentiamo di rispondere al richiamo della giustizia. [376]

Il richiamo della giustizia all'inizio è attraente, ma poi potrebbe non esserlo più così tanto come sembrava. La misericordia stessa ha il potere di conferire alla giustizia un nuovo contenuto, espresso in modo semplice e completo nel perdono. In realtà, il perdono dimostra che al di là del processo di 'riparazione' e di 'tregua', che è specifico della giustizia, l'amore è necessario perché l'uomo possa affermare la sua dignità più profonda" (§ 14:10).

Il perdono non è inteso a sostituire la giustizia, entrambi sono complementari. La giustizia da sola non basta; non basta proprio perché la misericordia ha il potere di conferire alla giustizia un nuovo contenuto attraverso il perdono. Senza questo nuovo contenuto, la giustizia rimane secca, fredda e dura. Senza dubbio il perdono dà senso alla dignità umana.

3.7. Il Perdono eleva la Dignità umana

In contrapposizione con l'idea comune che la misericordia o il perdono umilino o sminuiscano chi li riceve e offendano la dignità umana, usando la parabola del figliol prodigo, Giovanni Paolo II nella *Dives in Misericordia* dimostra che la realtà è completamente diversa (§ 6: 4). La relazione di misericordia si fonda sulla esperienza comune della dignità che è propria dell'umanità. Il comportamento del padre del figliol prodigo illustra proprio questo. Il padre corse incontro al figlio, gli gettò le braccia al collo e lo baciò poi organizzò una festa facendo uccidere il vitello grasso. Analizzando la parabola, Miller sostiene che il padre del figliol prodigo è egli stesso "prodigo" nel suo amore verso il figlio [377] La gioia per il ritorno di suo figlio è indotta dalla consapevolezza che "un bene fondamentale è stato salvato: il bene dell'umanità di suo figlio" (§ 6: 2). Questa misericordia e il perdono donati al figliol prodigo non possono in alcun modo essere interpretati come sminuire o umiliare.

Il padre correndo incontro al figlio "perde" la propria dignità, [378] per risollevare la dignità del figlio che era perduto, ma ora è ritrovato. Questo è ciò che accade nel perdono. Abbandoniamo il nostro diritto di vendetta in modo da sollevare l'autore del reato. Così, nonostante la sua ribellione, il figliol prodigo non ha mai cessato di essere figlio di suo padre. Il figlio ha dissipato l'eredità, nonostante ciò, la sua umanità è rimasta. Questo è chiaro nella risposta del padre al fratello maggiore: "Era giusto far festa e rallegrarsi, perché questo tuo fratello era morto ed è tornato in vita; era perduto ed è stato ritrovato ". (Luca 15: 38). Tutto quello che il padre del figliol prodigo ha compiuto si basa sulla umanità e la dignità del figlio (§ 14: 5). Pertanto, nel concedere il perdono a un persecutore, costui non perde mai la sua dignità umana nonostante il reato commesso. La misericordia o perdono risplende come un'incarnazione di uguaglianza, nonché di giustizia (§ 14: 5). Dal momento che il perdono eleva la dignità umana, diventa chiaro che l'umanità ha bisogno di perdono.

3.8. L'umanità ha bisogno di perdono

Il Concilio Vaticano II sottolinea più volte la necessità di rendere il mondo più umano e aggiunge che la realizzazione di questo compito è la missione della Chiesa nel mondo moderno. [379] Giovanni Paolo II nella *Dives in Misericordia* sostiene che la società umana potrà diventare più umana solo se introduciamo in essa, non solo la giustizia, ma anche la misericordia, l'amore e il perdono. Questo perdono dimostra la presenza nel mondo dell'amore, che è più potente del peccato, ed è indispensabile nella società umana affinché essa sia veramente umana e viva. Èindispensabile per plasmare le relazioni umane reciproche tra le persone, tenendo ben presente lo spirito di reciproca fratellanza. Davvero sarà un compito impossibile stabilire rapporti stretti tra le persone se queste vogliono regolare le loro relazioni reciproche esclusivamente basandosi sul metro della giustizia. In ogni ambito dei rapporti interpersonali, la giustizia deve essere corretta e completata dall'amore, che è al tempo stesso gentile e paziente (§ 14: 8).

In realtà, eliminando il perdono dal mondo si avrebbe un mondo di giustizia fredda e insensibile, dove ogni persona rivendicherebbe i propri diritti nei riguardi degli altri. L'amore misericordioso è necessario in ogni ambito della società. Senza di esso, questa idea di conflitto permanente sarà all'ordine del giorno. L'amore misericordioso è necessario tra mariti e mogli, tra genitori e figli, tra amici; ed è indispensabile nell'educazione e nell'attività pastorale. Commentando ciò, J.M. Miller osserva che

> è insufficiente stabilire qualsiasi rapporto secondo rigorose e precise norme di giustizia a giudicare dalla parabola del figliol prodigo. L'atteggiamento del padre verso il figlio ribelle indica la necessità di andare oltre la giustizia con la pratica dell'amore misericordioso. [380]

Il vero volto della misericordia e del perdono deve essere rivelato di nuovo. Sebbene ci possano essere molti pregiudizi, la misericordia e il perdono sembrano ancora essere particolarmente necessari per il nostro tempo (§ 6: 5). "La generazione presente ha un particolare bisogno di misericordia. La giustizia si deve aprire alla misericordia. La misericordia, e non la mera giustizia costituisce il fondamento sociale di una società che possa davvero soddisfare le aspirazioni umane ".[381] Dal momento che la misericordia e il perdono sono indispensabili per le relazioni umane nella società, la realizzazione di questa misericordia è una missione della Chiesa nel mondo moderno.

La guarigione delle memorie è un processo per il quale necessitano tre caratteristiche fondamentali da osservare. Il processo stesso ha poi tre fasi.

CAPITOLO 4
Le Caratteristiche Fondamentali e le tre fasi del Processo di 'Guarigione delle memorie'

4.0. Introduzione

Non è facile vedere il passato con gli occhi dell'altro, ci sono alcune caratteristiche fondamentali da osservare mentre si ripercorre insieme la storia nel processo di guarigione delle memorie. Sono queste caratteristiche che permetteranno di vedere il passato dalla prospettiva degli altri.

4.1. Le Caratteristiche Fondamentali

4.1.1. Empatia

La prima qualità necessaria nel cammino insieme attraverso la storia è l'empatia. La maggior parte dei conflitti tra le persone avvengono perché le parti coinvolte si osservano a vicenda con punti di vista negativi. Per esempio, durante la Seconda Guerra Mondiale, per gli Americani, i Giapponesi erano scimmie, mentre per i Giapponesi, gli Americani erano demoni. [382] Con tali connotazioni negative, la gente potrebbe fare qualsiasi cosa pur di infliggere dolore all'altro. Ripercorrere insieme la storia potrebbe dare i suoi frutti se modificassimo le nostre opinioni negative sugli altri. Alla luce di questo, cominciamo a vedere gli altri come fratelli e sorelle. C'è bisogno di questa empatia da entrambe le parti.

4.1.2. La verità

Il fattore successivo, che è davvero fondamentale nelle narrazioni, è la verità. Secondo Schreiter, "... i conflitti possono essere continuati solo distorcendo la verità per conservare la propria posizione. Da qui il detto: "la prima vittima della guerra è la verità" " [383] Ripercorrere insieme la storia richiede onestà. È questa onestà che aiuta a guarire le ferite del passato. Infatti, "la costruzione di una pace affidabile... richiede una dissertazione onesta sul passato." [384] In questa dissertazione, "la verità messa a tacere e dimenticata è parte di quella verità globale che deve essere rivelata se una società polarizzata deve essere unificata nel processo di guarigione. È solo perseguendo la verità piena che si rende possibile la guarigione. " [385] Senza verità il viaggio attraverso la storia sarebbe uno sforzo inutile perché ogni fazione vorrebbe mantenere la propria posizione in modo da giustificare il suo agire nel passato. Secondo L. B. Smedes, "senza la verità ... il vostro incontro è falso. Con la sincerità è possibile un nuovo inizio onesto. " [386] La verità in questo senso è

... uno stato mentale; essa è legata alle nostre vere intenzioni. Si devono usare le parole più sincere per rivelare le proprie vere intenzioni. Ciò che si dice deve far risuonare ciò che si prova nel cuore. Deve esserci armonia tra il messaggio espresso e le sensazioni custodite nell' intimo. [387]

C'è bisogno di questa armonia perché le parole pronunciate trasmettano le intenzioni. Se c'è una disparità tra ciò che si dice e ciò che si pensa, non vale la pena compiere il viaggio attraverso la storia.

Tuttavia, mentre si parla di verità, LB Smedes ammonisce: "si deve almeno cercare di mettere il cuore e le parole in sintonia con la realtà". [388] Quindi la verità necessaria per il cammino insieme attraverso la storia è la verità nella carità, è la verità verso la guarigione, è la verità verso la riconciliazione; non è la verità verso la divisione, è piuttosto la verità che unisce. Pertanto, "se vuoi un ricordo completo, colpo per colpo, insulto per insulto, male per male, non potrai mai ottenere quello che ti serve. [389] Ma è necessaria la verità, è la verità che consente di accettare la propria colpa da un lato, e di riconoscere il dolore dell'altro dall'altro lato. Nella situazione in cui entrambe le parti hanno contribuito alla crisi in passato, entrambe devono ora riconoscere sia la colpa di ciò che hanno commesso che il dolore causato a vicenda. Nel caso in cui sembra esserci una vittima e un persecutore, il responsabile deve riconoscere la colpa di ciò che ha fatto e il dolore causato alla vittima. La vittima deve riconoscere almeno che l'autore del reato prova qualche dolore per ciò che ha compiuto. Vediamo ora un'altra caratteristica nel processo di cammino insieme attraverso la storia che è il riconoscimento.

4.1.3. Il riconoscimento

L'umanità delle vittime conta molto nel ripercorrere insieme la storia, e il riconoscimento inizia proprio da questa. Quindi, "il riconoscimento richiede il riconoscere l'umanità delle vittime e dei colpevoli che sono stati disumanizzati". [390] Il riconoscimento procede in entrambe le direzioni. È necessario per tutte e due le parti. Le vittime devono riconoscere l'umanità dei colpevoli, nonostante i reati che hanno commesso. I responsabili devono riconoscere l'umanità delle vittime che è stata ignorata in passato nel perpetrare i loro reati. Sia per le vittime che per gli autori dei reati, l'ammissione e "il reciproco riconoscimento della legittimità della loro esperienza è determinante nelle dinamiche di riconciliazione." [391] Questo atto di riconoscimento è importante nel processo di guarigione delle memorie perché "il tempo non guarisce ciò che non è mai stato riconosciuto. " [392] Se gli autori dei reati non riescono a riconoscere l'umanità delle vittime e il dolore che queste hanno sofferto, questo dolore si trascina per un lunghissimo tempo. Se tali dolori sono riconosciuti e le vittime vedono riconosciuta la loro umanità, si accelera il processo di guarigione delle memorie ferita. Questo riconoscimento non comporta un giudizio dell'altra parte, esso rivela piuttosto una preoccupazione per il dolore dell'altro. Quindi

La riconciliazione può procedere solo nella misura in cui le parti in questione sono disposte a sospendere il giudizio sulla colpevolezza dell'altra parte e sono aperte a vedere la colpa dalla loro parte. Se questa intuizione non è evidente per le due parti all'inizio, essa dovrebbe diventare l'obiettivo del processo. [393]

Vedere la propria colpa e il dolore sofferto dall'altro sono i due aspetti del riconoscimento che lo rendono un vero e proprio strumento nel processo di guarigione delle memorie. In altre parole, nel viaggio insieme agli altri attraverso la storia, "occorre accettare la propria colpa e non semplicemente accusare gli altri. Fino a quando si cercano i colpevoli, non ci sarà vera pace né riconciliazione sincera". [394] Il momento di ripercorrere insieme la storia non è un'occasione per giudicare l'altro. Nel viaggio insieme attraverso la storia, si accetta di essere colpevoli, non importa quanto poco, e si riconosce il dolore dell'altro, non importa quanto piccolo. Il riconoscere il dolore degli altri porta poi a partecipare ad esso. Vedere il dolore degli altri richiede pentimento e ciò suscita perdono reciproco.

4.2. Le tre fasi del processo di 'Guarigione delle memorie'

4.2.1. Ripercorrere insieme la Storia

Le storie del passato spiegano il senso dell'esperienza di una comunità. Esse usano ed esprimono valori, credenze e impegni, danno le motivazioni per agire e costruiscono la comunità e l'identità di sé. In società divise, le storie sono spesso in conflitto; gli stessi eventi vengono interpretati secondo prospettive radicalmente diverse. Abbiamo bisogno di raccontarci a vicenda le nostre storie e ascoltare attentamente quello che ci viene detto – che implica andare al di là delle parole – sentire il dolore dell'altro come viene trasmesso attraverso la 'memoria' della loro comunità. Questo significa 'sentire' la storia. Quindi, cominciamo a vedere attraverso gli occhi dell'altro. [395]

Ripercorrere insieme la storia è un processo di teologia narrativa; potrebbe anche essere chiamato dialogo. Ma non è una narrazione normale, dal momento che richiede la verità; non richiede invece il giudizio sugli altri, comporta un umile riconoscimento degli errori passati. È una narrazione che riconosce il dolore degli altri più del proprio dolore. Come processo di teologia narrativa, essa non si occupa di storie comuni, ma di quelle che costituiscono il fondamento di una società o di un gruppo di persone. C'è bisogno di raccontare queste storie insieme soprattutto quando esiste un conflitto nell'interpretazione di eventi particolari. C'è tutta una serie di attività nel processo di ripercorrere insieme la storia.

Non è solo un racconto, ma un modo di narrare condiviso, si tratta di una condizione nella quale si ascolta l'altro e si è ascoltati da lui. In una tale situazione, avere una narrazione comune aiuta ad avere una "doppia visione", cioè, vedere sia "da qui" che "da lì", [396] dalla propria prospettiva e da quella dell'altro; ciò dà una visione più ampia degli eventi passati e sviluppa la fiducia nell'altro. Così, una "parte della crescita nella fiducia deriva dal fatto di ascoltare le rispettive storie." [397] Ascoltare l'altro è lo scopo principale del dialogo; aiuta a crescere imparando dall' altro. Ascoltarsi gli uni con gli altri aiuta ad affrontare il dolore e le ferite del passato che si nascondono dentro di noi in attesa di esplodere. «Se il male, il dolore, la rabbia, la colpa, e la perdita non sono trattate efficacemente, esse resteranno nascoste in noi, pronte ad emergere in modi inaspettati e pericolosi." [398]

Si potrebbe dire che ciascuna delle confessioni cristiane nella Nigeria sud-orientale prova in qualche modo un po' di dolore o sofferenza a causa dei ricordi di eventi passati. Tuttavia, queste confessioni sembrano accantonare questi dolori, nella speranza che un giorno essi scompariranno. Ma sembra che questi dolori non passino mai, rimangono e si tramandano di generazione in generazione. A volte sembrano scomparsi ma ogni minima provocazione li fa riaffiorare. È necessario raccontare nuovamente le storie insieme, occorre ripercorrere insieme la storia, ciò richiede dialogo – una narrazione condivisa. Come ripercorrere insieme la storia?

La narrazione condivisa ha tre passaggi. [399] Essi comprendono: Riraccontare la propria storia all' altro; rivivere nelle parole il dolore dell'altro; ripetere con le proprie parole l'esposizione del dolore e delle sofferenze dell'altro. Quando coloro che devono ripercorrere insieme la storia si riuniscono, un gruppo comincia a riraccontare la propria storia agli altri, cioè, un gruppo ascolta mentre l'altro rinarra la propria versione della storia. Nel processo di ripercorrere insieme la storia, siccome ci si ascolta l'un l'altro, si deve accettare che l'altro viva l'esperienza della storia in modo diverso. Ciò implica che non si cerchi scuse, ma si lasci spazio all'altrui visione della storia. Occorre la disponibilità a comprendere i dolori degli altri, come dolori reali, che non ammettono scuse, ciò fa accettare che l'altro abbia davvero sofferto – senza se e senza ma.

Dopo aver ascoltato l'altro, il secondo passaggio consiste nel rivivere nelle parole il dolore dell'altro. Significa dire all' altro 'Capisco perché senti questo dolore, non giudicò. L'ultima fase di questo processo è ripetere con le proprie parole la presentazione del dolore e delle sofferenze dell'altro. Si conferma ulteriormente che i punti di vista e le sofferenze dell'altro sono comprensibili. È in questo modo che si può dire che le parti abbiano davvero ripercorso insieme la storia e non ogni gruppo la propria. Quando i gruppi hanno condiviso le loro storie in questo modo si ha ciò che Paul Ricoeur chiama 'scambio di memorie'.

Questo camminare insieme attraverso la storia è ciò che Paul Ricoeur chiama scambio di memorie. Il problema del passato continua oggi a causa della presenza del dolore causato da tali problemi nella memoria. Di solito, quando le persone interpretano i conflitti passati da sole, spesso vedono gli altri come colpevoli e se stessi come vittime, in una tale situazione c'è un dito accusatore puntato verso l'altro. Con lo scambio delle memorie, però, ciascun gruppo si libera dalla propria interpretazione individualistica del passato per osservare gli eventi dalla prospettiva dell'altro.

Quindi, per Ricoeur questo scambio di memorie implica un''intersezione tra numerose storie'. Si tratta di una situazione in cui la storia della mia vita diventa parte della storia della tua vita e queste due storie formano un secondo ordine di storia in modo che tutti e due siamo coinvolti in essa. Ciò dà spazio ad una reinterpretazione degli eventi passati in cui questi sono esaminati dal punto di vista delle altre persone. Questo coinvolgimento nelle storie delle nostre vite aiuta ad affrontare il problema creato dalla 'concezione rigida ed arrogante di identità culturale'. Da segnalare a questo proposito sono quelli che Ricoeur chiama gli 'eventi fondanti' di una società. Sono questi eventi fondanti che impediscono una revisione e una reinterpretazione culturale. Secondo Ricoeur

> Ciò che impedisce veramente alle culture di permettere di essere raccontate in modo diverso è l'influenza esercitata sulla memoria collettiva da ciò che chiamiamo gli "eventi fondanti ', la cui ripetuta commemorazione e celebrazione tende a congelare la storia di ogni gruppo culturale in una identità che non solo è immutabile ma anche deliberatamente e sistematicamente incomunicabile. [400]

Tuttavia, con l'incrocio di molte storie nel contesto delle storie della nostra vita, anche le storie degli eventi fondanti di ogni società possono essere riraccontate in modi diversi, rafforzate dallo scambio di memorie culturali. Lo scambio di memorie aiuta nel sottoporre gli eventi fondanti delle culture coinvolte ad una lettura trasversale, consente di liberare a vicenda quella parte della storia passata tenuta prigioniera, in tradizione rigide ormai morte e imbalsamate. La tradizione in questo caso è una trasmissione di cose dette, di credenze professate, di norme accettate. Una tradizione continua a vivere solo se continua ad essere mantenuta in un processo ininterrotto di reinterpretazione. Per Ricoeur, il passato è sì passato ma vive ancora nella memoria.

La narrazione condivisa fa sì che il Presente tragga beneficio dal Passato, anche se si tratta di un Passato crudele. È con la lettura trasversale del passato, effettuata insieme attraverso lo scambio di memoria, che si può realizzare quella promessa non mantenuta che il passato ha da dare al presente. Secondo Ricoeur,

> In effetti, il passato non è solo ciò che è passato - quello che ha avuto luogo e non può più essere cambiato –esso vive anche nella memoria grazie a frecce di futuro che non sono state lanciate o la cui traiettoria è stata interrotta. Il futuro incompiuto del passato è il principale vantaggio che ci si può aspettare dall'incrocio delle memorie e dallo scambio di narrazioni. Sono soprattutto gli eventi fondanti di una comunità storica che dovrebbero

essere sottoposti a questa lettura critica al fine di liberare dal peso di quelle aspettative che il successivo corso della sua storia ha sostenuto e poi tradito. Il passato è un cimitero di promesse che non sono state mantenute. Si tratta di riportarle in vita come le ossa secche nella valle descritta nella profezia di Ezechiele (Ezechiele 37). [401]

Il passato non può essere visto solo come ciò che è accaduto nel passato cui non si può più rimediare, esso contiene sempre qualche speranza per il futuro. Reinterpretandolo insieme, le frecce o la traiettoria del passato possono ora essere lanciate verso il bene e non più verso il male. Il passato, perfino con la sua storia crudele, possiede ancora alcune buone promesse per il futuro. Le confessioni cristiane della Nigeria sud-orientale, perfino con il loro passato teso, hanno ancora qualche speranza per il presente e per il futuro. Ma cosa può fare sì che il passato con la sua storia crudele possa mantenere qualche buona promessa per il futuro? In realtà, alcuni temono che il ripercorrere insieme la storia possa riaprire vecchie ferite e, in una situazione del genere, possa fare più male che bene. In altre parole,

Alcuni sono preoccupati a causa di quello che loro o altri hanno compiuto e sperimentato. Altri sono preoccupati che il processo possa solo aprire vecchie ferite, senza risolvere nulla; e alcuni sono preoccupati che la fragile pace ... possa essere messa a repentaglio. [402]

Alcuni hanno paura di ripercorrere insieme la storia a causa di quello che loro o altri hanno fatto per paura di ritorsioni. Altri sono oppressi a causa delle esperienze vissute. Essi temono che camminare attraverso la storia possa riaprire e rendere presenti di nuovo i dolori del passato che al momento giacciono nascosti nella memoria. Vale la pena ripercorrere insieme la storia alla luce delle suddette paure?

Contrariamente ai timori di cui sopra, la narrazione condivisa libera sia la vittima che l'autore del reato dal dolore del passato. In una situazione in cui il passato è contaminato dal conflitto sia la vittima che il colpevole provano i rispettivi dolori. La vittima ha il dolore della ferita ricevuta. L'autore del reato avverte il dolore per la sofferenza che ha inflitto agli altri. A volte, si tratta di una questione di dolore reciproco- il dolore provato a causa delle sofferenze inflitte agli altri e il dolore a causa delle sofferenze procurateci dagli altri. Da qualsiasi parte si osservi la questione, né la vittima né l'autore del reato sono liberi dal dolore dei conflitti passati. Lasciare quel dolore nella memoria non aiuta né la vittima né il colpevole.

Per questo motivo, è giustificato che il passato venga rivisitato, ma ciò và fatto in modo da liberare sia la vittima che l'autore del reato. Normalmente, per quanto riguarda i conflitti passati, ogni parte pretende di essere la vittima e presenta l'altro come colpevole. Ogni parte tende a mantenere la propria versione della storia in modo da giustificare le proprie azioni. Il ripercorrere insieme la storia deve cominciare con il correggere questa visione se si vuole ottenere qualcosa di positivo per entrambe le parti. Ciò richiede un "ricordo profondo".

"Il 'Ricordo profondo' è un processo che permette ai gruppi e ai popoli di considerare la propria prospettiva degli eventi passati attraverso gli occhi dell'altro " [403] È vedendo gli eventi passati dal punto di vista dell'altro che possiamo capire meglio il passato. Quindi, "potremmo ricordare ciascuno le proprie storie in modo diverso quando le raccontiamo solo a noi stessi." [404] Comprendere il passato in modo migliore favorisce la guarigione delle memorie.

4.2.2. Prendere parte al dolore degli altri /il Perdono Reciproco

Il prendere parte al dolore degli altri è preceduto dalla 'conversione' o 'pentimento'. Il pentimento significa che la vittima decide di abbandonare ogni desiderio di vendetta considerato che il colpevole rinuncia alla pretesa di innocenza. [405] Questa decisione della vittima e del persecutore di abbandonare i rispettivi status è ciò che chiamiamo pentimento o conversione. Non solo ci rivela il dolore degli altri ma ci fa andare oltre per condividerlo. In effetti, "la riconciliazione è possibile ma non può essere conseguenza di migliaia di ore di dibattito politico ... la riconciliazione può scaturire solo dal pentimento". [406] Per quanto riguarda le confessioni cristiane nella Nigeria sud-orientale, c'è bisogno di pentimento da parte dei leader religiosi per accompagnare i loro fedeli alla conversione, al perdono e alla riconciliazione. Così, ci si aspetta che i leader religiosi siano i primi ad esprimere pentimento per gli errori da loro commessi. Se ciò non avviene, rancore, risentimento, accuse e contro-accuse continueranno all'infinito tra le varie confessioni. [407] Prendendo parte al dolore degli altri ci si scambia perdono reciproco. Nel quarto capitolo di questo lavoro abbiamo trattato il concetto di perdono. Ora si possono aggiungere alcune idee: non è solo questione di perdonare gli altri, si comincia dal riconoscere ed accettare il dolore degli altri, è questo che ci pone nella disposizione necessaria per garantire e ricevere il perdono.

É Paul Ricoeur che propone questo modello di perdono che deriva dal riconoscere le sofferenze degli altri prima di riesaminare le proprie. Il perdono qui consiste nel "condonare il debito", [408] siamo nell'ordine della carità. È in questo modo che il perdono guarisce le ferite della storia. La potenza di questo modello di perdono consiste nel liberarsi dalla legge di irreversibilità del tempo. Ciò si realizza cambiando il passato non come registrazione di ciò che è successo ma nel suo significato per noi oggi. In questo modo, esso solleva dal fardello della colpa che paralizza le relazioni tra gli individui che stanno ricostruendo e soffrendo la propria storia. Esso non abolisce il debito nella misura in cui siamo e rimaniamo gli eredi del passato, ma solleva dal dolore del passato.

Tuttavia, Ricoeur sottolinea che questo modello di perdono non può essere pienamente compreso nella sfera politica il cui principio si basa sulla giustizia e la reciprocità; egli suggerisce però che questo principio sociale basato sulla giustizia e la reciprocità possa essere corretto o influenzato dalla carità. Perciò egli parla di un 'extra' necessario nello scambio delle memorie ferite, questo 'extra' richiede l'idea del perdono. Per lui questo 'extra', in forma di perdono, è necessario anche nel principio politico di ' *quid pro quo* '. Comunque, egli non ha rinunciato ad avvertire che sebbene la carità superi la giustizia, dobbiamo guardarci dal sostituire la carità alla giustizia. La carità rimane un "surplus" e questo surplus di compassione e tenerezza è capace di fornire allo scambio delle memorie le sue motivazioni più profonde, la sua audacia e il suo slancio." [409]

Anche se Ricoeur è a favore del perdono, piuttosto che della giustizia severa e della reciprocità, egli dà alcuni avvertimenti per quanto riguarda la natura di questo perdono. Due trappole devono essere evitate a questo proposito: il primo errore è quello di confondere il perdono con l'oblio, dunque, possiamo perdonare solo quando non dimentichiamo, il ché implica che pur ricordando il passato, lo reinterpretiamo per il bene e non più per la vendetta. Si può ricordare il passato perché la memoria del passato esiste tuttora. Ciò nonostante, non si può permettere agli eventi passati di tenerci prigionieri nel presente. Il secondo avvertimento dato da Ricoeur è quello di garantire il perdono in fretta così che esso risulti troppo superficiale o un atto indifferente.

Su questi aspetti, egli suggerisce due momenti –il 'tempo dell'imperdonabile' e 'il tempo del perdono'. Ci può essere, in alcuni casi, una certa difficoltà nel rispondere a una richiesta di perdono. Questo capita soprattutto nei casi in cui le vittime hanno subito crimini atroci che paiono loro imperdonabili. In una tale situazione, la fase iniziale potrebbe essere 'il tempo dell'imperdonabile'. In questi casi è necessaria un po' 'di pazienza per arrivare all'altro tempo -' il tempo del perdono '. Egli dice di gestire con cura il tempo della difficoltà a perdonare per evitare di concedere un perdono troppo superficiale e offerto con indifferenza. Tuttavia, si deve ricordare qui, come è stato spiegato in precedenza in questo lavoro, che più la vittima ritarda a concedere il perdono al trasgressore, più essa resta in uno stato di deterioramento emotivo e fisico. Una volta che è avvenuto il perdono reciproco, inizia l'ultima fase del processo di guarigione delle memorie.

4.2.3. Preparare il futuro insieme

Prima di giungere insieme al processo di guarigione delle memorie, i diversi gruppi coinvolti in conflitti del passato vivevano la loro vita escludendosi reciprocamente. Spesso ogni gruppo compiva azioni senza considerare le implicazioni e le ricadute sugli altri gruppi. Preparare il futuro insieme è così importante per non ripetere alcuni degli errori del passato. Ciò implica studiare insieme i problemi del passato per capire le cause che li hanno originati. Inoltre, implica lavorare insieme per stabilire tutte le misure preventive al fine di evitare il ripetersi del passato terribile. Durante il periodo di conflitto, ogni parte aveva la sua versione di quanto accaduto. A volte la storia di un gruppo esclude quella dell'altro. Il processo di ripercorrere insieme la storia rende i diversi gruppi capaci di ascoltare le altrui versioni della storia. Durante questa fase di progettazione del futuro insieme, c'è bisogno di ri-scrivere le storie in accordo con la nuova interpretazione. In tal modo, le storie dei diversi gruppi diventano ora onnicomprensive. Una storia comprende l'altra.

Non è soltanto un ri-scrivere le storie o la storia del passato alla luce della nuova interpretazione, ma c'è bisogno anche di applicarla per modificare e correggere malintesi ancestrali fra i popoli. Questo è un aspetto importante del progettare il futuro insieme.

Conclusione

L'essere umano è un essere sociale, è più realizzato quando è in relazione con gli altri, è stato creato per vivere in comunione con gli altri. Stare con gli altri può creare la possibilità di incomprensioni od equivoci, lascia spazio ad errori e dolori. Quando i torti o il male accadono, la persona umana è ferita e il male verificatosi nel passato rimane presente nella memoria umana. Se la memoria non è guarita, allora la persona resta imprigionata nel passato pur vivendo nel presente. Il processo di guarigione delle memorie offre ad una persona la possibilità di uscire da questa prigione per vivere nuovamente una vita normale. È un percorso utile per ogni individuo, per ogni gruppo, per la famiglia, per gli amici, e in tutti i contesti sociali e politici, in effetti in ogni ambito della vita.

Note

1 C. H. GRUNDMANN, "Healing – A Challenge to Church and Theology," in *International Review of Mission* (Henceforth IRM because of the consistent recurrence of this journal), 90, 356/357 (2001), pp. 31, 32 &26.

2 C. H. GRUNDMANN, "Inviting the Spirits to Fight the Spirits? Pneumatological Challenges for Missions in Healing and Exorcism," in *IRM*, 94, 372 (2005), pp. 51-60.

3 C. H. GRUNDMANN, "Healing – A Challenge to Church and Theology," p. 32.

4 J. MATTHEY, Ed., *Come Holy Spirit, heal and reconcile! Called in Christ to be Reconciling and Healing Communities, Report of the WCC Conference on World Mission and Evangelism, Athens, Greece,* 2005, Geneva, WCC Publications, 2008, p. 91.

5 Le Chiese del circolo ecumenico hanno discusso il concetto di guarigione da diversi punti di vista. Queste diversificazioni verranno trattate in questo lavoro specialmente nel sottotitolo che tratta dello sviluppo del concetto di guarigione nel Consigio Mondiale delle Chiese.

6 J. S. POBEE, "Health, Healing and Religion: an African view," in *IRM*, 90, 356/357 (2001), p. 61.

7 K. WARRINGTON, "Guarigione e sofferenza nella Bibbia", in *IRM*, 95, 376/377 (2006), pp. 154-164.

8 J. MATTHEY, Ed., *Vieni Spirito Santo, guarisci e riconciliare ...*, p. 100.

9 K. WARRINGTON, "Guarigione e sofferenza nella Bibbia," p. 157.

10 J. MATTHEY, Ed., *Vieni Spirito Santo, guarisci e riconciliare ...*, p. 102.

11 K. WARRINGTON, "Guarigione e sofferenza nella Bibbia," p. 158.

[12] J. MATTHEY, Ed., *Vieni Spirito Santo, guarisci e riconciliare …,* p. 101.

[13] Ibid., p. 103.

[14] Cfr Relazione da una consultazione con i pentecostali in Ghana nel 2002, *IRM*, 94, 370/371 (2004), p. 371.

[15] J. MATTHEY, Ed., *Vieni Spirito Santo, guarisci e riconciliare …,* p. 100.

[16] Ibid., pp. 158 e 159.

[17] Ibid., p. 160.

[18] Cf. Missionaria Mondiale ed Evangelizzazione del Consiglio Ecumenico delle Chiese, *la Chiesa di guarigione, il Tubinga consultazione*, il Consiglio Mondiale delle Chiese, Ginevra, 1965.

[19] C. BEN & E. SENTURIAS, "La salute, guarigione e Totalità nella discussione ecumenica, in *IRM*, 90.356 / 357 (2001), p. 7.

[20] Cfr Missionaria Mondiale ed Evangelizzazione del Consiglio Ecumenico delle Chiese, *la Chiesa di guarigione, il Tubinga consultazione*, il Consiglio Mondiale delle Chiese, Ginevra, 1967.

[21] Per i dettagli relativi al contributo di Breklums missione al tema della guarigione e l'influenza di questo l'Istituto tedesco per la missione medica a Tübingen, cf. D. WERNER, "Il Consiglio Mondiale delle Chiese preoccupazione per la salute, la guarigione e Missione, e il Patrimonio di Breklum Mission Storia", in *IRM*, 95, 376/377 (2006), pp. 73-77.

[22] C. BEN & E. SENTURIAS, "La salute, guarigione e Totalità nella Discussione ecumenico," p. 10.

[23] Per i dettagli su questo, Cf. *The Healing Chiesa: La Tübingen consultazione,* del Consiglio Mondiale delle Chiese Studi n ° 3, Ginevra, 1965, pp 34-36.

[24] Alcuni di questi studiosi sono Christopher Benn e Erlinda Senturias nel loro articolo scritto congiuntamente "salute, la guarigione e Totalità nella Discussione ecumenico" sopra citata.

25 C. BEN & E. SENTURIAS, "La salute, guarigione e Totalità nella Discussione ecumenico," p. 12.

26 Ibid.

27 U. BACH, *Heilende Gemeinde? Neukirchen-Vluyn,* 1988 i pensieri di Bach sono stati parafrasato da C. BEN & E. SENTURIAS, nella categoria "Salute, Guarigione e Totalità nella Discussione ecumenico," p. 12.

28 Ibid.

29 C. BEN & E. SENTURIAS, "La salute, guarigione e Totalità nella Discussione ecumenico," p. 12.

30 Ibid., p. 13.

31 Ibid., pp. 13- 14.

32 Ibid., p. 14.

33 Ibid., pp. 16- 17.

34 Ibid., p. 17.

35 Cfr *Che Vive, che muore, che importa?* Relazione sulla comprensione cristiana della salute, guarigione e costruzione di comunità, Christian Medical Commissione, Ginevra, CEC, 1978.

36 Cfr P. POTTER, Rapporto del Segretario Generale, Wcc, Comitato Centrale, Documento No. 42, Ginevra, 1981.

37 C. BEN & E. SENTURIAS, "La salute, guarigione e Totalità nella Discussione ecumenico," p. 18.

38 Ibid., pp. 19- 20.

39 Cfr, Christian Medical Commissione del Consiglio Mondiale delle Chiese, *Guarigione e Totalità: il ruolo della Chiesa in materia di salute, il Rapporto di uno studio della Commissione Medica cristiana*, Consiglio ecumenico delle pubblicazioni della Chiesa, Ginevra, 1990, pag. 6.

40 C. BEN & E. SENTURIAS, "La salute, guarigione e Totalità nella Discussione ecumenico," p. 19 e 20.

41 Cfr "Revisione della Costituzione e accordo regionale dell'Organizzazione mondiale della sanità," Consiglio Esecutivo, 101° Sessione, EB 101/7, Ginevra, l'OMS, 1997.

42 C. BEN & E. SENTURIAS, "La salute, guarigione e Totalità nella Discussione ecumenico," p. 21.

[43] K. SCHAEFER, "Vieni Spirito Santo, guarisci e riconcilia! Chiamati in Cristo ad essere Conciliare e Comunità Healing: In cammino verso la XII Conferenza mondiale Missione ", in *IRM*, 94, 372 (2005), pp 136-139.

[44] Tali eventi comprendono: la fine della guerra fredda, la caduta del muro di Berlino, la fine dell'apartheid in Sud Africa, ecc, in vista di tutti questi, c'è bisogno per la guarigione e la riconciliazione nella società umana, cf. M. Kinnamon, "Rapporto sulla Conferenza missionaria internazionale di Atene del 2005," in *IRM*, 94, 374 (2005), p. 388.

[45] VR Steuernagel, "Riflessioni sulla Conferenza di Atene," di *IRM*, 94, 374 (2005), p. 426; anche Cf. C. Grundmann, "Primi passi del Cristianesimo nel suo Terzo Millennio", in *IRM*, 94, 375 (2005), pp. 546-556.

[46] GM NALUNNAKKAL "Vieni Spirito Santo, guarisci e riconcilia: Chiamati in Cristo ad essere Conciliare e Comunità Healing", in *IRM*, 94, 372 (2005), pp 7-19; CH Grundmann, "Guarire una sfida per la Chiesa e la Teologia," in *IRM*, 90, 356/357 (2001), pp. 26-39.

[47] Cfr GM NALUNNAKKAL "Vieni Spirito Santo, guarisci e riconcilia: Chiamati in Cristo ad essere Conciliare e Comunità Healing", p. 17.

[48] A. ANDERSON, "Lo Spirito Santo, guarigione e riconciliazione: pentecostali / carismatici questioni ad Atene 2005", in IRM, 94, 374 (2005), pp 332-342.

[49] Ibid., p. 335.

[50] Cfr "La missione di guarigione della Chiesa," in *Voi siete la luce del mondo: Dichiarazioni in missione dal Consiglio Mondiale delle Chiese, 11980-2005*, Ginevra, CEC Publications, 2005, pp 127-162.

[51] Christian Medical Commissione del Consiglio Mondiale delle Chiese, *Guarigione e Totalità: il ruolo della Chiesa in salute ...*, p. 1.

[52] GM KARIM, *Healing Comunità*, (Consiglio Ecumenico delle Chiese, Christian Medical Commissione), Ginevra, WCC Publications, 1991, pag. 9.

53 Cfr J. Wilkinson, "cristiano guarigione e la Congregazione" in *La Chiesa Healing: Tubingen Consultazione 1964* Ginevra, CEC Publications, 1965, p. 30.

54 Cf. Christian Medical Commissione del Consiglio Ecumenico delle Chiese, *di guarigione e di Totalità: il ruolo della Chiesa in salute* ..., p. 9.

55 del Consiglio Mondiale delle Chiese Consultazione sulla fede, guarigione e Missione - Achimota, Ghana, 2002 a *IRM*, 95, 370/371 (2004), p. 371.

56 JK ASAMOAH- Gyadu, "Fede, Guarigione e Missione ...", p. 373.

57 Viene fatta una distinzione tra 'guarigione' e 'cura'. Dio guarisce ogni persona che viene a lui, ma non ogni persona può essere curata. St. Paul, per esempio in 2 Corinzi 12: 9-12 non è stato curato, ma è stato guarito. Dio gli ha dato la grazia di vivere con la malattia e per questo gli era stato detto, 'la mia grazia è abbastanza per voi.'

58 A. ANDERSON, "pentecostale approcci alla fede e guarigione", in *IRM*, 91, 363 (2002), p. 532.

59 JK Asamoah-Gyadu "Ascolto con le orecchie africane: Riflessioni sulla Conferenza mondiale 2005 Missione ad Atene," di *IRM*, 94, 374 (2005), pp. 343- 355.

60 K. SCHAEFER, "Vieni Spirito Santo, guarisci e riconcilia ...", p. 149.

61 JK ASAMOAH- Gyadu, "Fede, Guarigione e Missione ...", p. 373.

62 GM NALUNNAKKAL "Vieni Spirito Santo, guarisci e riconcilia ..", p. 17.

63 K. SCHAEFER, "Vieni Spirito Santo, guarisci e riconcilia ...", p. 149.

64 JK Asamoah-Gyadu "Ascolto con le orecchie africani ...", pag. 350.

65 D. BECKER, "Relazione di Listener", in *IRM*, 94, 374 (2005), pp. 354-365.

[66] M. Kinnamon, "Rapporto sulla Conferenza missionaria internazionale di Atene del 2005," in *IRM*, 94, 374 (2005), p. 392.

[67] N. Kang, "Verso la guarigione e la riconciliazione di 'A prescindere': radicalizzare Christian Mission for Today," in *IRM*, 94, 374 (2005), p. 381.

[68] Ibid.

[69] Ibid., p. 380.

[70] J. MATTHEY, Ed., *Vieni Spirito Santo, guarisci e riconcilia ... "*, p. 93.

[71] D. HILTON & M. Kurian, "La guarigione, Salute e sanità," in *dizionario del movimento ecumenico*, Ginevra, CEC Publications, 2002, p. 511.

[72] JM ATHYAL "Vieni Spirito Santo, Diagnosi, Cura e riconciliare: domande prolungate da Atene," di *IRM*, 94, 374 (2005), p.538.

[73] N. Kang, "Verso la guarigione e la riconciliazione di 'A prescindere' ...", p. 382.

[74] JM ATHYAL "Vieni Spirito Santo, Diagnosi, Cura e riconciliare ...," p. 538.

[75] Ibid., p. 539.

[76] M. Kinnamon, "Rapporto sulla Conferenza missionaria internazionale di Atene 2005", p. 393.

[77] Cfr JK Asamoah-Gyadu, "Ascolto con le orecchie africani ...", pag. 350.

[78] JM ATHYAL "Vieni Spirito Santo, Diagnosi, Cura e riconciliare ...," p. 538.

[79] N. Kang, "Verso la guarigione e la riconciliazione di 'A prescindere' ...", p. 382.

[80] Ibid., p. 380.

[81] Ibid., p. 381.

[82] Cfr M. HARDT & A. NEGRI, *Empire*, Cambridge, Harvard University Press, 2000, p. Xii.

[83] K. LEBACQZ, *la giustizia in un mondo ingiusto: basi per un approccio cristiano alla giustizia*, Minneapolis MN, Augsburg Publishing House, 2000, p. 10.

[84] Cfr C. AVILA, *contadino Teologia*, Bangkok, World Student Christian Federation Press, 1976, pp. 39-40.

[85] N. Kang, "Verso la guarigione e la riconciliazione di 'A prescindere' ...", pp.381- 382.

[86] Ibid., p. 328.

[87] VR Steuernagel, "Riflessioni sulla Conferenza di Atene", pp. 425-434.

[88] Christian Medical Commissione del Consiglio Mondiale delle Chiese, *Guarigione e Totalità: il ruolo della Chiesa in salute ...* , p. 9.

[89] N. Kang, "Verso la guarigione e la riconciliazione di 'A prescindere' ...", p. 383.

[90] CHRISTODOULOS "Vieni Spirito Santo, guarisci e riconcilia: Welcoming Indirizzo", p. 117.

[91] A. ANDERSON, "Pentecostal Approaches to Faith and Healing," in IRM, 91, 386(2002), p. 525.

[92] K. SCHAEFER, "Come Holy Spirit, Heal and Reconcile..., p. 146.

[93] Ibid.

[94] World Council of Churches Consultation on Faith, Healing and Mission..., p. 369.

[95] C. H. GRUNDMANN, "Inviting the Spirits to fight the Spirits?" p. 57.

[96] *A Time to Heal: A Report for the House of Bishpos of the General Synod of Church of England on the Healing Ministry*, London, Church House Publishing, 2000, p. 34.

[97] World Mission and Evangelism of the World Council of Churches, *The Healing Church, the Tùbingen Consultations1964*, World Council of Churches, Geneva, 1965. P. 9.

[98] C. H. GRUNDMANN, "Healing – A Challenge to Church and Theology...," p. 39.

[99] J.K. ASOMOAH-GYADU, "Faith, Healing and Mission: Reflections on a Consultative Process," in IRM, 93, 370/371 (2004), pp. 372-378.

[100] J. MATTHEY, "Faith, Healing and Mission- Santiago de Chile, October 2003, Introduction and Summary of Process," in IRM, 95, 370/371 (2004), pp. 407-413.

[101] World Mission and Evangelism of the World Council of Churches, *The Healing Church, The Tubingen Consultation*, 1964, p. 12.

[102] J. M. ATHYAL, "Come Holy Spirit, Diagonise, Heal and Reconcile: lingering Questions from Athens", in IRM, 94, 375 (2005), pp. 535-545.

[103] G. M. NALUNNAKKAL, "Come Holy Spirit, Heal and Reconcile...," p. 17.

[104] J. K. ASAMOAH-GYADU, "Faith, Healing and Mission: Reflections on a Consultative Process," in IRM, 93, 370/371 (2004), p. 373.

[105] Christian Medical Commission of the World Council of Churches, *Healing and Wholeness: The Church's Role in Health...*, p. 13.

[106] Ibid., p. 8.

[107] CHRISTODOULOS, "Come Holy Spirit, Heal and Reconcile: Welcome Address," in *Greek Orthodox Theological Rieview*, 51, 1-4, (2006), p. 115; "Report of the Inter-Orthodox Preparatory Consultation for the 2005 World Mission Conference Athens, Greece, 3-9, March 2005," in *Greek Orthodox Theological Rieview,* 51, 1-4, (2006), p. 204.

[108] Ibid., pp. 204-205.

[109] T. F. ROSSI, "Panel on Salvation: the Catholic Perspective," in *IRM*, 96, 382/383, (2007), pp. 210-220.

[110] G. M. NALUNNAKKAL, "Come Holy Spirit, Heal and Reconcile..., "p. 18.

[111] Ibid.,

[112] E. A. ALLEN, "What is the Church's Healing Ministry? Biblical and Global Perspectives," in *IRM*, 90, 256/357 (2001), p. 47.

[113] T. F. ROSSI, "Panel of Salvation: the Catholic perspective," p. 218.

[114] Ibid.,

[115] C. H. GRUNDMANN, "Healing – A Challenge to Church and Theology," p. 33.

[116] T. F. ROSSI, "Praise the Lord for His Wonderful Blessings, The Azusa Street Centennial," in *Ecumenical Trends*, 35,

9, (200), pp. 3-5; also cf. T. F. Rossi, *"Le Chiese e la Guarigione dell'uomo,"* in *Studi Ecumenici,* 24, (2005), pp. 399-410.

[117] T. F. ROSSI., "Panel on Salvation: the Catholic Perspective," p. 210.

[118] C. H. GRUNDMANN, "Inviting the Spirits to Fight the Spirit...," p. 55.

[119] T. F. ROSSI, "Praise the Lord for His Wonderful Blessings...," p. 2.

[120] K. SCHAEFER, "Come Holy Spirit, Heal and Reconcile...," p. 148.

[121] Cf. C. GRUNDMANN, *"Heilung und Heiltheologischbefragt,"* in *EMW,* Ed., *Heilung und Mission und Okumene,* Hamburg, 2001, pp. 8-16 quoted by K. SCHAEFER, "Come Holy Spirit, Heal and Reconcile...," p. 148.

[122] K. SCHAEFER, "Come Holy Spirit, Heal and Reconcile...," p. 148.

[123] G. M. NALUNNAKKAL, "Come Holy Spirit, Heal and Reconcile...," p. 18.

[124] Cf. G. M. NALUNNAKKAL, "Mission – An Ecological Perspective," in J. MILTON, Ed., *Mission Paradigm in New Millennium,* ISPCK, 2000, pp. 317-330.

[125] Cf. "Report from the WCC Conference on World Mission and Evangelism 2005 Planning Committee," in *IRM,* 91, 363, (2000), pp. 605-611.

[126] M. CONWAY, "Unity and Mission: The Santiago Conference and the twin agendas for the future of Christ's Church," in *Mid-Stream,* 33, 1, (1994), 24-42.

[127] J. MATTHEY, Ed., *Come Holy Spirit, heal and reconcile...,* p. 92.

[128] Ibid., pp. 95-96.

[129] CHRISTODOULUS, "Come Holy Spirit, Heal and Reconcile: Welcoming Address," p. 117.

[130] Ibid.

[131] V. MIHOC, "Report on the Conference on World Mission and Evangelism, Athens," in *IRM,* 94, 374, (2005), pp. 406-413.

[132] J. MATTHEY, Ed., *Come Holy Spirit, heal and reconcile...* p. 104.

¹³³ This will be taken care of in the next chapter that will treat healing of memories.

¹³⁴ V. MIHOC, "Report on the Conference on World Mission and Evangelism, Athens," p. 411.

¹³⁵ CHRISTODOULOS, "Come Holy Spirit, Heal and Reconcile: Welcoming Address," p. 118.

¹³⁶ G. M. KARIM, *Healing Community...*, 21.

¹³⁷ If past evils that gave rise to the present hurt are still going on, it may not be necessary to talk of the process of healing of memories. For details about this, Cf., V. MIHOC, "Report on the Conference on World Mission and Evangelism, Athens," p. 408.

¹³⁸ del Consiglio Mondiale delle Chiese Consultazione sulla fede, guarigione e Missione ..., p. 369.

¹³⁹ Cfr *Guarigione della missione della Chiesa*, preparatoria Paper n. 11 comma 33: *Missione in Context, Trasformazione-riconciliazione-responsabilizzazione: un contributo LWF alla comprensione e la pratica della missione*, Ginevra, LWF Pubblicazione 2004, pp 39-40 citato da D. BECKER, "Relazione di Listener", p. 362.

¹⁴⁰ Ibid.

¹⁴¹ "Rapporto del inter-ortodossa di preparazione per la consultazione della 2005 Missionaria Mondiale Conferenza di Atene, in Grecia, marzo 03-09 2005" p. 205.

¹⁴² J. MATTHEY, "La fede, la guarigione e mission-Santiago del Cile ottobre 2003 Introduzione e sintesi di processo", p. 408.

¹⁴³ Ibid.

¹⁴⁴ Cf. Christian Medical Commissione, *Guarigione e Totalità: il ruolo della Chiesa in Health: Il Rapporto di uno studio condotto dalla Commissione Medica cristiana*, Ginevra, CEC Publications, 1990, p. 6.

¹⁴⁵ SC BATE, "The Mission di guarire in un contesto globale," in *IRM*, 90, 356/357 (2001), p. 73.

¹⁴⁶ TR Egnew, "The Meaning of Healing: Trascendendo Sofferenza", in *Annals of Family Medicine*, 3, 3 (2005), p. 255.

[147] F. GARZON & L. BURKKET, "purificazione della memoria: Modelli, Ricerca, Direzioni future", in *Journal of Psychology e il cristianesimo*, 21, (2002), pp 42-49; IG JONES, "Guarire le ferite della memoria: La dinamica di ricordare e dimenticare", in *Journal of Theology*, 103, (1999), pp 35-51; M. LINN & D. Linn, *Healing of Memories*, New Jersey, 1974.

[148] J. Fentress & C. Wickam, *memoria sociale*, in RI MOORE et al., eds., *Nuove prospettive sulla Serie passato*, Oxford, Blackwell Publishers, 1992, p. 1.

[149] B. Gulnara, *memoria sociale e contemporaneità: Kirghizistan Studi Filosofici 1*, Washington DC, Accademia Nazionale della Repubblica del Kirghizistan, 2006, p. 16.

[150] DL, Schacter, *come la mente dimentica e ricorda: I sette peccati della memoria*, London, Souvenir Press, 2003, p. 1.

[151] RJ Schreiter, "Condivisione Memorie del Passato: La purificazione della memoria e incontro interreligioso," in *correnti in Teologia e Missione*, 35, 2 (2008), p. 112.

[152] Ibid.

[153] Ibid.

[154] J. Fentress & C. Wickam, *memoria sociale*, in RI MOORE et al., eds., *Nuove prospettive sulla Serie passato*, pag. 24.

[155] EB Enderson, "Memoria, Tradizione e Re-membranza della Sofferenza", in *Educazione Religiosa*, 105, 2 (2010), p. 126.

[156] J. USHA, *dolore ... Ricordando ... Guarigione e Remembering*, accessibile

[157] P. RICOEUR, *memoria, storia e Forgetting*, Trans., K. Blamey & D. Pellauer, Chicago, University of Chicago Press, 2004, pp. 96- 97.

[158] JK FOSTER, *Memoria: A Very Short Introduction*, Oxford, Oxford Press, 2009, p. 3.

[159] DA SEAMANDS, *Healing of Memories*, Wheaton, Victor Books, 1985, Prefazione, pag. 7.

[160] AM SICARI, "la purificazione della memoria: la porta stretta del Giubileo", in *Communio*, 27 (2000), p. 638.

161 JK FOSTER, *Memoria: A Very Short Introduction*, Oxford, Oxford Press 2009, pp 6ff.

162 A. Galloway, " *ricordo collettivo e l'importanza di Forgetting: un Critical Design Challenge* ", p. 2, accede 10-12-12, http://www.purselipsquarejaw.org/papers/galloway_chi2006.pdf .

163 JK FOSTER, *Memoria: A Very Short Introduction*, pag. 6.

164 H. FRIEBERG, et al, "Memoria come recupero", in H. Friberg et al, eds, *Memoria Recupero: Rappresentazioni irlandesi di passato e presente*, Newcastle, Cambridge Scholars Publishing, 2007, p. xi.

165 K. NELSON & R. Fivush, The Emergence of autobiografica memoria: A Theory Sviluppo sociale culturale, in *Psychological Review*, 111, 2 (2004), pp 846-511.

166 B. Gulnara, *memoria sociale e contemporaneità* ..., p. 17.

167 GE VINCENT, "La memoria sociale ", Un abstract di un discorso tenuto al Meeting Annuale della Minnesota Historical Society, St. Paul, 10 gennaio 1916, in *Minnesota Historical Society*, pag.250; anche trovato in rete accede 14-12-12, http://collections.mnhs.org/MNHistoryMagazine/articles/1/v01i05p249-259.pdf .

168 MB COPENHARER, "Memoria e Personhood," in *Journal per Predicatori*, 32, 2 (2010), p. 40.

169 JK FOSTER, *Memoria: A Very Short Introduction*, p. 39.

170 JK Olick, "Memoria Collettiva" in Enciclopedia Internazionale delle Scienze Sociali, 2° edizione, accessibile 05-12-10, http://www.virginia.edu/sociology/publications/faculty%20

Articoli / OlickArticles / galecm.pdf.

171 H. SCHUMAN & J. SCOTT, "Generazioni e memorie collettive", in *American Sociological Review*, 54, 3 (1989), p. 397.

172 P. RICOEUR, *memoria, storia e Forgetting*, pag. 130.

[173] Ibid., p. 119.

[174] H. FRIEBERG et al., "Memoria come Recovery ..." p. x

[175] dC FALCONER, "Europa dei vicini: Riconciliazione e guarigione di European Memories", in *Communio viatorum*, 42, 1 (2000), p. 81.

[176] HR Niebuhr, *Il significato della Rivelazione*, London, Macmillan, 1941, pag. 115.

[177] A. Confino, "Memoria collettiva e storia culturale: problemi di metodo," in *American Historical Review*, 102, 5 (1997), p. 1390.

[178] GE VINCENT, *The Memory sociale, ...*, pag. 251.

[179] B. Zelizer, "Leggere il passato contro il grano: The Shape of Studies di memoria", in *Critical Studies in comunicazione di massa*, 12, 2 (1995), p. 218.

[180] RJ Schreiter, "Condivisione Memorie del Passato ...", p. 112.

[181] LW LAMB, "To Remember Be Together: Predicazione e Memoria in Congregazioni etnicamente diverse," in *Word e World*, 28, 4 (2008), p. 424.

[182] A.D. FALCONER, "Europa dei vicini: Riconciliazione e guarigione di European Memories," p. 84.

[183] G.E. VINCENT, *The Memory sociale, ...*, pp. 251 e 252.

[184] A.D. FALCONER, "Europa dei vicini: Riconciliazione e guarigione di European Memories," p. 88.

[185] P. Connerton, *Come le società Ricordate*, Cambridge, Cambridge University Press, 1989, p. 15.

[186] R. FRASER, "Race, Memoria e bonifica: memoria sociale e American Slavery", in *America del XIX secolo Storia*, 9, 3 (2008), pp 287-288.

[187] L. ANDERLINI et al., " *Prove di memoria sociale e Conflic* t ", on-line accessibili 06-12-10, http://www.carloalberto.org/gerardi/social-memory.pdf .

[188] J. Sutton, "Memory", in *Stanford Encyclopedia of Philosophy*, accede 09-12-10, http://plato.stanford.edu/entries/memory/ .

[189] ARISTOTELE, " *On Memoria e Reminiscence* ", (350 aC E), JI, Beare, trans., accessibile 09-12-10, http://classics.mit.edu/Aristotle/memory.html .

[190] JK FOSTER, *Memoria: A Very Short Introduction* ..., p. 39.

[191] JB Underwood, "Memoria" (Psicologia), in *Britannica Online Encyclopedia*, accessibile 07-12-12, http://www.britannica.com/EBchecked/topic/374487/memory .

[192] A.D. Baddeley, 'La Psicologia della Memoria', in AD Baddeley et al, eds, *Il manuale essenziale dei Disturbi di memoria per i medici*, West Sussex, John Wiley and Sons, 2004, pagg 1-9.; JK FOSTER, *Memoria: A Very Short Introduction* ..., pp 25-26.

[193] F. GARZON & L. BURKETT, "purificazione della memoria: Modelli, Ricerca, Direzioni future", in *Journal of Psychology e il cristianesimo*, 21, 1 (2002), pp 42- 49; AB Wannamaker, "il processo di guarigione e di crescita in Psicosintesi e cristiana 'Guarigione delle Memorie'" accesso 08-05-12, http://www.else-egeland.org/abw2en.htm .; "The Healing of Memories" aderito 05-09-12, http://durrance.com/FrAl/Healing_of_memories.htm .

[194] Cfr. F. GARZON & L. BURKETT, "purificazione della memoria: Modelli, Ricerca, Direzioni future ..." p. 43; "Inner Healing Movimento" accede 08-05-12, http://en.wikipedia.org/wiki/Healing_of_Memories .

[195] Cfr F. GARZON & L. BURKETT, "purificazione della memoria: Modelli, Ricerca, Direzioni future" ... p. 43; "Inner Healing Movimento" http://en.wikipedia.org/wiki/Healing_of_Memories .

[196] F. GARZON & L. BURKETT, "Healing of Memories: Modelli, Ricerca, Direzioni future", p. 43.

[197] Per saperne di più su questi modelli cf. F. GARZON & L. BURKETT, "purificazione della memoria: Modelli, Ricerca, Direzioni future ...", pp 43-47.

[198] Ibid.

199   Cfr "The Healing of Memories" http://dur-rance.com/FrAl/Healing_of_memories.htm

200 Ibid.

201 Ibid., p. 43.

202 Alcune opere e le ricerche in questo senso da parte di alcuni psicologi sono: - LR PROST, "l'efficacia comparata delle Religioni e Non Religioso Imagery per il trattamento della depressione lieve in individui religiosi," in *Terapia Cognitiva e della Ricerca*, 4 (1980), pp. 167-178; LR PROST, *Psicoterapia in un quadro religioso: Spiritualità nel processo di guarigione emotiva*, New York, Human Sciences Press, 1988; Io, Worthington, *cinque fasi del Perdono: L'arte e la scienza di perdono*, di New York, Crown House Publishing, 2001; . ME McCullough et al, *perdonare è umano: come mettere il passato nel passato,* Downers Grove, Intervarsity Press, 1997; ME McCullough et al., "Interpersonale perdono nelle relazioni strette" in *Journal of Personality and Social Psychology*, 73 (1997), pp. 321-336.

203 Cfr F. GARZON & L. BURKETT, "purificazione della memoria: Modelli, Ricerca, Direzioni future ...", p.48.

204 TJ Cordas, e SJ CROSS, "Healing of Memories: psicoterapeutica rituale tra i pentecostali cattolici" in *The Journal of Pastorale*, XXX, 4 (1976), p. 245.

205 DA SEAMANDS, *Healing of Memories*, p. 7.

206 J. USHA, *dolore ... Ricordo ... Healing: Final consultazione a Dublino*, accessibile 7.

207 M. VOLF, *La fine della Memoria: Ricordare Giustamente in un mondo violento*, Grand Rapids, Eerdmans, 2006, pp. Viii e 244.

208   D. STEVENS, "Affrontare il passato in Irlanda del Nord: The Corrymeela Casa Prospettiva". D. in BRANDES, e, *purificazione della memoria in Europa uno studio di riconciliazione tra Chiesa, cultura e religione*, Lipsia, EVA Publishing 2008 p. 115.

209 Ibid., p. 125.

210 DA SEAMANDS, *Healing of Memories*, p. 79.

211 J. USHA, *dolore ... Ricordo ... Healing: Final consultazione a Dublino*, p. 63; DA SEAMANDS, *Healing of Memories*, p. 11.

212 Ibid., p. 10.

213 FD ALAN, "Un'Europa dei vicini? Riconciliazione e guarigione di European Memories ", p. 77.

214 R. Schreiter, "Creazione di una identità condivisa: Il ruolo della guarigione delle memorie e di Narrativa", documento presentato alla conferenza internazionale sulla pace e la riconciliazione, York St. John University College, York, Regno Unito, 17 agosto, 2006, p. 11.

215 del Consiglio Mondiale delle Chiese, "Chiamati Insieme per il pace-maker, Relazione del dialogo internazionale tra la Chiesa cattolica e la Conferenza Mennonita Mondiale", Assisi, Italia, 1998-2003, in *crescita in accordo III: Testi dialogo internazionale e concordato Dichiarazioni, 1998-2005*, Ginevra, CEC, Grand Rapids, Eerdmans, 2007, n. 191.

216 R. Schreiter, "purificazione della memoria - Conciliare Comunità: Note e riflessioni di Robert Schreiter WCC Consultazione", (documento presentato in WCC consultazione, Tallaght, 1-04 ottobre 2007), p. 1.

217 Ibid.

218 Ibid.

219 V. IONITA, "Il Workshop sulla 'guarigione della memoria'", dalla Conferenza delle Chiese Europee, Trondheim, in Norvegia, 18 maggio 2002, pag. 2.

220 JD Roth, "Il perdono e la purificazione della memoria: un anabattista - mennonita prospettiva," in *Journal o Studi Ecumenici*, 42, 2 (2007), p. 582.

221 Ibid.

222 Ibid., pp. 82- 83.

223D. & M. Linn, *Healing of Memories*, di New York, Pauline, 1984, pp. 12- 13.

224 Ibid., p. 31.

225 TG CHORDAS & SJ GROSS, "The Healing of Memories: psicoterapeutica Ritual tra Cattolica

Pentecostali ", in *The Journal of Pastorale,* 30, 4 (1976), p. 246.

[226] DA SEAMANDS, *Healing of Memories,* pag. 7.

[227] J. USHA, *dolore ... Ricordo ... Guarigione:* p. 13.

[228] A. SARRIS, *Salire su la tua vita ... Guarire il passato,* Minnesota, Llewellyn Publications, 1997, Introduzione, p. Xi.

[229] DL, Schacter, *come la mente dimentica e ricorda: I sette peccati della memoria,* p. 10.

[230] Ibid.

[231] A. SARRIS, *Salire su la tua vita ... Guarire il passato,* p. 40.

[232] Ibid., p. 119.

[233] Un esempio di tale memoria radice secondo D e M. Linn è una persona che ha trovato quasi impossibile parlare dopo il momento in cui è stato deriso nella scuola elementare per dare la risposta sbagliata. Cf. D. & M. Linn, *Healing of Memories,* p. 23.

[234] Ibid., p. 24.

[235] Per i dettagli su questo, Cf. A. SARRIS, *Salire su la tua vita ... Guarire il passato,* pp. 119-123.

[236] Ibid., p. 8.

[237] Ibid.

[238] Ibid., p. Xiii.

[239] AB Wannamaker, "il processo di guarigione e di crescita in Psicosintesi e cristiana 'Guarigione delle memorie,'" "p. 1.

[240] M. HURLEY, *guarigione e speranza: i ricordi di un ecumenista irlandese,* Dublino, The Columba Press, 2003, p. 22.

[241] W. Faulkner, *Requiem per una monaca,* di New York, Random House, 1951, p. 2.

[242] A. SARRIS, *Salire su la tua vita ... Guarire il passato,* pp. 34 e 39.

[243] M. Lapsley, "The Healing of Memories," in *The International Journal of narrativa terapia e lavoro comunitario,* 2,

(2002), p. 73; anche on-line, accessibile 15-12-12,www.nar-
rativetherapylibrary.com .

[244] R. ROBERT & S. THOMPSON, eds, *Verità v Giustizia: La moralità delle Commissioni Verità,* Princeton, Princeton University Press, 2000, pp 52-56.

[245] M. Ignatieff, *Onore del Guerriero: Etica e la guerra nella coscienza moderna,* Chatto e Windus, 1998, p. 177.

[246] D. STEVENS, "Affrontare il passato in Irlanda del Nord: The Corrymeela Casa Prospettiva", p. 122.

[247] T. McCaughey, in Nigel Biggar ed., *seppellire il passato,* Georgetown, Georgetown University Press, 2001, p. 258.

[248] D. STEVENS, "Affrontare il passato in Irlanda del Nord: The Corrymeela Casa Prospettiva", p. 123.

[249] RJ Schreiter, "Condivisione Memorie del Passato ...", p. 113.

[250] Cfr Fede e Ordo Paper 201, Consiglio Mondiale delle Chiese, di Ginevra del 2006, Nr. 150, p. 53.

[251] D. STEVENS, "Affrontare il passato in Irlanda del Nord: The Corrymeela Casa Prospettiva", p. 141.

[252] DL, Schacter, *come la mente dimentica e ricorda: I sette peccati della memoria,* p. 164.

[253] D. STEVENS, "Affrontare il passato in Irlanda del Nord: The Corrymeela Casa Prospettiva", p. 141.

[254] dC FALCONER, "Guarire la violenza: i cristiani nella comunità", in *mezzo al guado,* 35, 1 (1996), p. 166.

[255] Ibid., p. 164.

[256] Ibid.

[257] JW DE Gruchy, "Dialettica della riconciliazione: la Chiesa e la transizione verso la democrazia in Sud Africa", in G. BAUM & H. WELLS, eds, *La Riconciliazione dei Popoli: Sfida alle Chiese,* Oregon, Wipf e Archivi Editori, 2009, p. 27.

[258] Cfr Chiesa Evangelica Luterana in America - Chiesa mennonita USA comitato di collegamento, Destra Ricordando in anabattista - luterana Relazioni, accessibili 10-12-

12,www.elca.org/ecumenical/ecumenicaldialogue/menno-nite/index.html .

[259] D. STEVENS, "Affrontare il passato in Irlanda del Nord: The Corrymeela Casa Prospettiva", p. 141.

[260] M. VOLF, "redentore amarezza," in *Christianity Today,* 51, 5 (2007), p. 50.

[261] Giovanni Paolo II, "Incontro con i leader di altre comunità cristiane," Parigi, 31 maggio 1980, citata L. ACCATTOLI, e, *Quando un Papa chiede perdono: Il Mea culpa di Giovanni Paolo II,* Boston, Pauline Books 1998, pp. 96-97.

[262] E 'apparso prima nel 1995 Lettera Enciclica *Ut unum sint,* n. 2 dove afferma il Papa, "... l'impegno ecumenico deve fondarsi sulla conversione dei cuori e sulla preghiera, che porterà anche alla necessaria purificazione della memoria storica"; Nel 1998, nella Grande Bolla del Giubileo dell'anno 2000 (Incarnationis *mysterium)* , no. 11, il Papa con il termine ha osservato, "purificazione della memoria ... le chiamate a tutti di fare un atto di coraggio e di umiltà nel riconoscere le mancanze compiute da quanti hanno portato e portano il nome di cristiani"; Il termine è stato usato anche dal Papa nella liturgia della "Giornata del Perdono,» 12 marzo 2000.

[263] F. BRUNO, "La Chiesa affronta le colpe del passato", in *Communio,* 27 (2000), p. 677.

[264] Giovanni Paolo II, all'inizio della sua lettera apostolica *Tertion millennio adveniente,* 14 novembre 1994, ha dato alcune spiegazioni sul significato di motivazione e come agire per la urificazione della memoria.

[265] COMMISSIONE TEOLOGICA INTERNAZIONALE, *Memoria e riconciliazione: la Chiesa e le colpe del passato,* maggio 1999, n. 5.1.

[266] AM SICARI, "la purificazione della memoria: la porta stretta del Giubileo", in *Communio,* 27, 4 (2000), p. 639.

[267] Z. Fahed, "Libanese la riconciliazione nazionale e il contributo della Chiesa maronita attraverso la purificazione della memoria", in *politica e religione,* II, 1 (2008), p. 44.

268 "chiamato a raccolta per essere operatori di pace, Relazione del dialogo internazionale tra la Chiesa cattolica e la Conferenza Mennonita Mondiale", op. Cit., No. 192; anche Cf. LUTHERAN - MENNONITE INTERNAZIONALE DI STUDIO COMMISSIONE, "La purificazione delle memorie," in *Luterana Informazioni sul Mondo,* 06 (2010), p. 5.

269 CL GRISWOLD, "Il perdono e racconto" in P. GOBODO-Madikizela & C. VAN der Merwe, eds., *memoria, narrazione, e perdono ...,* 98.

270 E. STAUB & LA Pearlman, "La guarigione, riconciliazione e perdono dopo genocidio e altre forme di violenza collettiva," in RG Helmick & RL PETERSEN eds. *Perdono e la Riconciliazione*, Londra, Templeton Foundation Press, 2002, p. 207.

271 D. TUTU, *Nessun futuro senza perdono,* London, Rider, 1999, p. 217.

272 Ibid., p. 220.

273 Cfr CL GRISWOLD, "Il perdono e racconto" in P. GOBODO-Madikizela & C. VAN der Merwe, eds., *memoria, narrazione, e perdono ...,* p. 99.

274 D. TUTU, *Nessun futuro senza perdono,* pag. 226.

275 B. LANG, *"Kipper",* in GJ Botterweck et al., eds., DE Green et al., trans., *Dizionario Teologico dell'Antico Testamento,* vol. 7, Grand Rapids, Eerdmans, 1997, pp. 289-303. (Di seguito citato tdot, seguito dal numero del volume e la pagina).

276 Ibid., p. 297.

277 Corano, Sura 5: 12; 8: 29.

278 J. HAUSSMANN, " *salah* " in tdot 14: 259.

279 Cfr *del New Strong esaustiva Concordanza della Bibbia, Large Print Edition,* (ed.) James Strong, Thomas Nelson Publishers Nashville, 1995, pag. 99, nn. 5545- 5546.

280 Cfr GRAUPNER / HJ FABRI, " *Shub, Shuba, Meshuba, Teshuva* ", in tdot 14: 462-562.

281 R. Bultmann, " *Aphiemi* " in G. Kittel e G. Friedrich eds., GW Bromiley et al., trans., *Dizionario Teologico del Nuovo*

Testamento, vol. 1, Grand Rapids, Eerdmans, 1976, pp. 509-512 (di seguito citato TDNT, seguito dal numero del volume e la pagina).

[282] *Dizionario completo Expository di Mounce di Vecchio e Nuovo Testamento parole,* eds., WD Mounce et al., Grand Rapids, Zondervan, 2006, p. 267.

[283] Cf. *Il Nuovo Dizionario Internazionale della Teologia del Nuovo Testamento*, vol. 1, ed., C. Brown, Grand Rapids, il *Pater Noster* Press, 1975, p. 701.

[284] F. BUCHSEL, " *Ileos* " in TDNT 3: 300.

[285] H. Conzelmann, *"Charizomai"* in TDNT 9: 372-402.

[286] V. TAYLOR, *Perdono e Riconciliazione: A Study in Teologia del Nuovo Testamento*, London, Macmillan, 1960, p. 5.

[287] Cfr ME MCCULLOUGH & EI WORTHINGTON, "La religione e la Personalità Perdonare," in *Journal of Personality*, 67, 6 (1999), p. 1141.

[288] Cf. ME MCCULLOUGH, et al., "Il perdono", accessibile 04-03-13 ,http://www.psy.miami.edu/faculty/mmccullough/Papers/HOPP_2e_Chapter_2nd%20Draft%20to%20Shane.pdf .

[289] J. Derida, "Natura del perdono», in JD CAPUTO, MD DOOLEY, e MJ Scanlon eds., *Interrogativi Dio*, Bloomington, Indiana University Press, 2001, p. 46.

[290] G. Smyth, "Brokenness, Perdono, guarigione e pace in Irlanda," in RG Helmick & RL PETERSEN eds., *Perdono e la Riconciliazione,* op. Cit., P. 346.

[291] RL Petersen, "Teologia del perdono" in RG Helmick & RL PETERSEN eds., *Perdono e la Riconciliazione,* pag. 14.

[292] Cfr H. APONTE, "L'amore, il Wellspring Spirituale del perdono: un esempio di spiritualità in Terapia", in *Journal of Family Therapy.,* 20, 1, (1998), pp 37-58.

[293] Cfr CL ZEIDERS, " *Un cristiano profondità Psicologia del perdono conduce alla resurrezione Effect* ",

accessibile 06-03-13, http://www.actheals.org/listening%20psot/forgivenssfactorcz.pdf .

[294] Cfr RL RICHMOND, Perdono, in *Guida alla psicologia e alla pratica,* l'accesso 04-03-13,

http://www.guidetopsychology.com/index.html .

[295] RD ENRIGHT & CT COYLE, "La ricerca del modello di processo del perdono all'interno psicologici Interventions", in E. WORTHINGTON ed., *Dimensioni del Perdono*, Radnor, Templeton Foundation Press, 1998, pp. 46 e 47.

[296] K. Kaunda, *Kaunda sulla violenza*, London, 1980, pag. 180.

[297] Cfr ME MACCULLUUGH, et al., "Il perdono," op. cit.

[298] AL-MABUK, RH ENRIGHT, PA CARDIS, "Il perdono di educazione con parentally amano privati tardo adolescenti," in *Journal of Moral Education*, 24 (1995), p. 427.

[299] JG MURPHY, "Il perdono e risentimento," in JG MURPHY & J. HAMPTON, eds., *perdono e la misericordia*, Cambridge, Cambridge University Press, 1988, p. 24.

[300] M. VOLF, "Il perdono, la riconciliazione, la giustizia: un contributo cristiano a un mondo più pacifico sociale Ambiente". In RG Helmick & RL PETERSEN eds, *Perdono e la Riconciliazione*, pag.38.

[301] G. Smyth, "Brokenness, Perdono, guarigione e pace in Irlanda," in RG Helmick & RL PETERSEN eds., *Perdono e la Riconciliazione*, pag. 344.

[302] R. ENRIGHT, "Piaget sullo sviluppo morale del perdono: identità o Reciprocità? "in *Sviluppo Umano*, 37, 2 (1994), p. 77.

[303] M. RAMSEY, "l'esperienza vissuta della ricezione Empatia e perdono per sei sudafricani esecutori," in PM Madikizela & C. VAN der Merwe, eds., *memoria, Narrativa e Perdono*, p. 136.

[304] Cf. http://en.wikipedia.org/wiki/Lewis B. Smedes accessed 14-11-14.

[305] LB Smedes, *perdonare e dimenticare: Healing the Hurts non meritiamo*, New York, HarperCollins Publishers, 1996, p. 131

306 RD ENRIGHT & J. NORD, "Introducing Perdono," in RD ENRIGHT & J. NORD, eds., *Esplorare Perdono*, London, University of Wisconsin Press, 1998, p. 5.

307 Worthington Jnr, per esempio considera questi fattori come "Cinque passi verso il perdono" nel suo libro *cinque fasi del Perdono: L'arte e la scienza di perdono*, New York, Crown House Publishing, 2001, pp 73-98. Si chiama "REACH METODO". Qui, R. Howes raccoglie quattro di questi fattori e li considera come i quattro elementi del perdono. Cosa Worthington chiama "ricordare il male" è "espressione" in Howes terminologia etc.

308 R. HOWES, " *Quattro Elementi del Perdono* ", accessibile 04-03-13, http://www.psychologytoday.com/blog/in-therapy

309 Cfr RL RICHMOND, Perdono, in *Guida alla psicologia e alla pratica,* op. cit.

310 R. HOWES, *quattro elementi del Perdono,* in linea ... op. cit.

311 J. Dallen, Perdono, in M. Downey, ed., *Il Nuovo Dizionario di Spiritualità cattolica*, Collegeville, Liturgical Press, 1993, p. 407.

312 ME Stortz, "The Practice del perdono: Discepoli come Forgiven sanno perdonare", in *Word e World,* 27, 1 (2010), p. 17.

313 JK ROTH, "Il perdono? Riflessioni sull'etica dopo l'Olocausto, "all'Ernest e Renee Sansone 7 ° Anniversario Lecture, Capc Town Holocaust Centre, 2006, inedito, pag. 9.

314 F. ALAN, "Un'Europa dei vicini? Riconciliazione e guarigione della memoria europea ", in *Communio viatorum,* 42, 1 (2000), p. 89.

315 J. RAMSEY & AG Padget, "La saggezza del perdono: cantare come uccelli in gabbia con il vecchio Re Lear, in *Word e World,* 27, 1 (2007), p. 40.

316 M. AKL & E. MULLET, "Il perdono: Rapporto con concettualizzazioni della Divina Perdono e Childhood

Memories", in *International Journal per la Psicologia della Religione*, 20, 187 (2010), p.187.

[317] D. STEVENS, "Affrontare il passato in Irlanda del Nord, il Corrymeela Casa Prospettiva", in D. BRANDES, ed., *guarigione della memoria in Europa*, p. 136.

[318] R. KOLB, "Il perdono libera e ripristini: La Libertà del cristiano secondo Martin Lutero," in *Word e World*, 27, 1 (2007), p. 12.

[319] MR AMSTUTZ, "Diritti Umani e la promessa del perdono politico," p. 564.

[320] Ibid.

[321] M. AKL & E. MULLET, "Forgiveness: Relationship with Conceptualizations of Divine Forgiveness and Childhood Memories," p. 188.

[322] MR AMSTUTZ, "Diritti Umani e la promessa del perdono politico," p. 561.

[323] Ibid., pp. 561-567.

[324] Cfr http://en.wikipedia.org/wiki/Hannah_Arendt accedere 14-11-14.

[325] H. ARENDT, *La condizione umana*, Seconda Edizione, Chicago, The University of Chicago Press, 1998, p. 241.

[326] Ibid., p. 240.

[327] Giovanni Paolo II, "Messaggio in occasione della Giornata Mondiale della Pace", in *L'Osservatore Romano*, (edizione inglese), del 2001, *numero* 51, p. 10.

[328] J. RAMSEY & AG Padget, "La saggezza del perdono: cantare come uccelli in gabbia con il vecchio Re Lear, pag. 40.

[329] M. AKL & E. MULLET, "Il perdono: Rapporto con concettualizzazioni della Divina Perdono e Childhood Memories", pag. 188.

[330] A. BASH, "Il perdono: Come religione mette in pericolo la morale", in *moderna Credendo*, 51, 2, (2010), pp 63- 64.

[331] DA SEAMANDS, *Healing of Memories*, pag. 151.

[332] JJ LYNN, "Forgiveness- un atto di sfida," in *Encounter*, 72, 2 (2010), p. 65.

[333] ME Stortz, "The Practice del perdono: Discepoli come Forgiven sanno perdonare", p. 20.

[334] JJ LYNN, "Forgiveness- un atto di sfida ...", p. 65ff.

[335] Ibid., p. 67.

[336] BA Binau, "Holding" e "lasciarsi andare": La dinamica del Perdono ", in *Word e World,* 27, 1 (2007), p. 31.

[337] MH Suchocki, "Riflessioni sul Perdono", *in dialogo,* 35, 2 (1996), p. 95.

[338] Ibid., p. 97.

[339] Ibid., p. 100.

[340] J. RAMSEY & AG Padget, "La saggezza del perdono: cantare come uccelli in gabbia con il vecchio Re Lear, pp 47ff.

[341] KV OOSTEN "Kamma e perdono con qualche pensiero sulla Cambogia", in *cambio,* 37 (2008), p. 250.

[342] R. KOLB, "Il perdono libera e ripristini: La Libertà del cristiano secondo Martin Lutero," p. 12.

[343] E. WABANHU, "Perdono e riconciliazione: Personal, interpersonale e prospettive politico-sociali", in *africano ecclesiale Review,* p. 285.

[344] MR AMSTUTZ, "Diritti Umani e la promessa del perdono politico", pp. 561-562.

[345] ME Stortz, "The Practice del perdono: Discepoli come Forgiven sanno perdonare", p. 14.

[346] CR Synder & LS HEINZE, "Il perdono come un mediatore tra PSTD e l'ostilità nei sopravvissuti di abusi infanzia," in *Cognition and Emotion,* 19, (2005), p. 421.

[347] H. ARENDT, *La condizione umana,* p. 181.

[348] LB Smedes, *Forgive and Forget,* pag. 141.

[349] B. DEFFINBAUGH, il fondamentale del perdono (Genesi 45: 1-28), accede 06-03-13, http://bible.org/seriespage/fundamentals-forgiveness-genesis-451-28#P4575_1376819 .

[350] D. EDWARDS, "Lasting Legacy of Trauma: Ostacoli intesa per la risoluzione seguente esperienze traumatiche", in

PG Madikizela, e CVD Merwe, eds, *Memoria, Narrativa e Perdono,* p. 62.

351 H. WILMER, Perdono, in H. Adrian et al eds., *The Oxford Companion Christian Thought*, New York, Oxford University Press, 2000, p. 245.

352 M. RAMSEY, "l'esperienza vissuta della ricezione Empatia e perdono per sei sudafricani esecutori," a PG Madikizela, e CVD Merwe, eds., *memoria, Narrativa e Perdono,* p. 141.

353 MR AMSTUTZ, "Diritti Umani e la promessa del perdono politico" in *Review e Expositor,* 104 (2007), p. 561.

354 R. KOLB, "Il perdono libera e ripristini.,. p. 11.

355 Cfr The New Strong esaustiva Concordanza della Bibbia, Large Print Edition, (ed.) James Strong ..., nn. 240ff.

356 "reciproca" a *dizionario di Oxford Advanced Learner*, 7 ° edizione, eds., S. Wehmeier et al., Oxford University Press, 2006.

357 J. PUGLISI, " *Una Lettura ecumenica Della Dives in Misericordia* ", in *Studi Ecumenici,* 2, 3 (1984), p. 346.

358 M. VOLF, "Il perdono, la riconciliazione e la giustizia: un contributo cristiano a un mondo più pacifico sociale Ambiente," in RG Helmick & RL PETERSEN, eds, *Perdono e la Riconciliazione,* p. 39.

359 Cfr Iinternational COMMISSIONE TEOLOGICA, *Memoria e riconciliazione: la Chiesa e le colpe del passato,* nn. 5,2-5,3 accede

360 P. RICOEUR, "Riflessioni su un nuovo Ethos per l'Europa" ...

361 WH PETERSON, "Il discorso del presidente," p. 2.

362 CL ZINDERS, "Un cristiano profondità Psicologia del Perdono di determinare effetti di Resurrezione," accede 06-03-13, http://www.actheals.org/listening%20psot/forgivenessfactorcz.pdf .

363 LB Smedes, *Forgive and Forget,* p. 39.

[364] JP Lederach, "Cinque Qualità di pratica a sostegno di processo di riconciliazione", in RG Helmick & RL PETERSEN, eds., *Perdono e la Riconciliazione*, pag. 201.

[365] G. MUELLER-Fahrenholz, *L'arte del perdono: Riflessioni teologiche sulla guarigione e riconciliazione*, Ginevra, CEC Publications, 1997, pp 49-59.

[366] D. TUTU, *Nessun futuro senza perdono*, pag. 219.

[367] H. WILMER, Perdono, in H. Adrian et al eds., *The Oxford Companion Christian Thought*, New York, Oxford University Press, 2000, p. 245.

[368] S. Kierkegaard, "Either / Or ", in R. BRETALL, ed., *A Kierkegaard Anthology*, Princeton, Princeton University Press, 1956, p. 28; anche vedere LB Smedes, *Forgive and Forget*, p. 38.

[369] SB SIMON & S. Simon, *perdono: Come fare la pace con il tuo passato e andare avanti con la vostra vita*, di New York, Grand Central Publishing, 1991, p. 15.

[370] H. WILMER, Perdono, in H. Adrian et al eds., *The Oxford Companion Christian pensiero*, p. 245.

[371] D. LINN & M. LINN, *guarigione Vita di Hurts*, New York, Paoline, 1993, p. Vii.

[372] Cfr JC Karremans, et al., "Il perdono e la sua associazione con il pensiero pro-sociale, sentimento, e fare al di là del rapporto con l'autore del reato," in *Personality and Social Psychology Bulletin*,34 (2005), pp. 1315-1326.

[373] RH AL-MABUK, RD ENRIGHT, PA CARDIS, "Il perdono istruzione con parentally Amore-privato adolescenti tardivi," p. 430.

[374] D. & M. LINN *guarigione della memoria*, pp. 46- 47.

[375] RF Morneau, *Temi e Tesi di sei documenti pontifici: un commento*, New York, Alba Casa, 1985, p. 104.

[376] Ibid., pp. 101ff.

[377] JM MILLER, ed., "Introduzione di Editor" in *Encicliche di Giovanni Paolo II ... p. 99.

[378] Ibid.

[379] Cfr DOCUMENTO VATICANO II, *Gaudium et spes,* n. 40; PAOLO VI, *Paterna cum benevolentia,* nn. 1-6, AAS 67, (1975), pp. 7-9, 17-23, anche on-line la versione italiana accessibili

[380] JM MILLER, ed., "Introduzione di Editor" in *Encicliche di Giovanni Paolo ...,* p. 100.

[381] Ibid., p. 96.

[382] DW Shriver, "Il perdono: un ponte Abissi di vendetta," in RG Helmick & RL PETERSEN, eds, *Perdono e la Riconciliazione,* p. 161.

[383] RJ Schreiter, "La creazione di un'identità comune: il ruolo di guarigione delle memorie e di narrativa", un documento presentato alla St. John University, York, Regno Unito, 2006. P. 17.

[384] D. STEVENS, "Affrontare il passato in Irlanda del Nord. Il Corrymeela Casa prospettiva, "in D. BRANDES, ed., *guarigione della memoria in Europa,* p. 137.

[385] C. VILLA-Vicencio, "Raccontare l'un l'altro Stories: Verso una teologia della Riconciliazione". In G. BAUM e H. WELLS, a cura di, *La riconciliazione dei popoli: Sfida alle Chiese,* p. 36.

[386] LB Smedes, *Perdona e dimentica: Healing the Hurts non meritiamo,* p.32.

[387] Ibid.,

[388] Ibid.,

[389] Ibid., p. 33.

[390] P. VERDE, "il ruolo centrale di Riconoscimento in Social Healing ", in PG Madikizela, e CVD Merwe, eds., *memoria, Narrativa e perdono ...,* p. 84.

[391] D. STEVENS, "Affrontare il passato in Irlanda del Nord. Il Corrymeela Casa prospettiva, "in D. BRANDES, ed., *guarigione della memoria in Europa,* p. 132.

[392] P. VERDE, "il ruolo centrale di Riconoscimento in Social Healing ", in PG Madikizela, e CVD Merwe, eds., *memoria, Narrativa e perdono ...,* p. 85.

[393] E. WEINGARTNER, "Il Processo Tozanso: sforzi ecumenici per il coreano riconciliazione e la riunificazione", in G. BAUM e H. WELLS, eds, *La Riconciliazione dei Popoli: Sfida alle Chiese*, p.77.

[394] J. FOREST, "Un dialogo per la riconciliazione su Belgrado: Il rapporto di un partecipante," in G. BAUM e H. WELLS, eds, *La Riconciliazione dei Popoli: Sfida alle Chiese*, p. 112.

[395] D. STEVENS, "Affrontare il passato in Irlanda del Nord. Il Corrymeela Casa prospettiva, "in D. BRANDES, ed., *guarigione della memoria in Europa*, p. 130.

[396] M. VOLF, *Esclusione e Embrace*, Nashville, Abington Press, 1996, pp. 250-251.

[397] M. SANTER, "La riconciliazione delle memorie," in *Conciliare Ricordi*, A.D. FALCONER & J. Liechty, Dublin, Columba Press, 1998, p. 35 (pp. 30-36).

[398] D. STEVENS, "Affrontare il passato in Irlanda del Nord. Il Corrymeela Casa prospettiva, "in D. BRANDES, ed., *guarigione della memoria in Europa*, p. 130.

[399] Cfr, D. Brandes & J. McMaster, "purificazione della memoria / Healing Through Remembering - ponte tra le Chiese, Culture Religioni - Associazioni invece di Prefazione". D. in BRANDES, Ed, *guarigione della memoria in Europa*, pp. 9-10.

[400] P. RICOEUR, "Riflessioni su un nuovo Ethos per l'Europa ...", p. 7.

[401] Ibid., p. 8.

[402] K. McEvoy, "Fare la pace con il passato-Healing attraverso Ricordando - Opzioni per la Verità Recovery sul conflitto e su Irlanda del Nord". D. in BRANDES, ed, *guarigione della memoria in Europa*, p. 146.

[403] J. USHA, *dolore ... Ricordo ... Healing: Final consultazione a Dublino*, p. 13.

[404] luterana-mennonita Commissione Internazionale di Studi, "Guarire ricordi: Conciliare in Cristo," in *Luterana Mondiale Informazione*, 06, (2010), p.8.

[405] DW Shriver, "Il perdono: un ponte Abissi di vendetta". in RG Helmick & RL PETERSEN, eds, *Perdono e la Riconciliazione ...*, p. 156.

[406] V. Vukasinovic, citato da J. FOREST, "Un dialogo per la riconciliazione a Belgrado," in RG Helmick & RL PETERSEN, eds., *Perdono e la Riconciliazione ...*, p. 111.

[407] J. FISCHER, Ibid., P. 114.

[408] Ibid., p. 10.

[409] Ibid. p. 11

Mappa per orientarsi nel percorso di Guarigione dei Ricordi

Il Percorso di Guarigione delle Memorie

1a. A chi si applica questo Percorso?
Vale anche per me?

i. Sono stato trattato male nel passato dai genitori, da un amico/amica, dal marito/moglie, dal fidanzato/fidanzata, da un collega al lavoro...?

ii. Mio marito/ mia moglie mi ha lasciato; il fidanzato/a mi ha lasciato; con gli amici/ le amiche non ci parliamo più?

iii. con i miei parenti/ familiari non ci parliamo o abbiamo del **rancore** anche se ci parliamo?

iv. Nella famiglia, ci litighiamo spesso o non ci parliamo come dovrebbe essere?

v. Nella famiglia stiamo insieme ma ognuno è da solo e da sola?

vi. Ho subito un'ingiustizia sul lavoro?

vii. Ho subito delle ferite nel passato da una persona cara o da un 'nemico'?

viii. Ho fatto soffrire una persona o delle persone; ci sono pensieri brutti che pesano su di me?

ix. Non riesco a dormire bene a causa di questi pensieri brutti o riesco a dormire solo prendendo delle medicine?

x. Non riesco a relazionarmi con gli altri, di solito sono da solo/a?

xi. Mi sento di essere una vittima forse a causa delle cose brutte che ho subito nel passato?

xii. Mi trovo a lamentarmi o rimuginare a causa delle ferite che ho subito nel passato o che sto soffrendo in questo momento?

xiii. Ho perso delle opportunità nel passato e ci sto male ancora oggi?

xiv. Ho fatto qualche sbaglio nel passato che mi ha tolto la serenità oggi e non so essere più felice?

xv. Ho subito una prova forte o una sofferenza enorme che mi ha rovinato e ha cambiato la mia vita? (Momento Congelato).

NB: Se ti trovi in una di queste situazioni o altre simili che non abbiamo descritto qui, hai bisogno di fare questo percorso di guarigione delle memorie per liberarti dalle ferite del passato!

1b. Cinque sintomi di una memoria ferita (Ci indicano la necessità della guarigione delle memorie)

1. Fa sentire soli – cioè imprigiona.

2. Rende difficoltoso relazionarsi con gli altri, dato che ci fa sentire vittima.

3. Si fa riferimento sempre a un determinato momento, chiamato "il Momento di Ghiaccio" o "momento congelato", quello in cui tutto sembra essersi fermato e in cui restiamo bloccati.

4. Fa sentire giù di morale fisicamente, psicologicamente e spiritualmente finché la memoria non guarisce.

5. Cambia la vita in negativo, dato il costante rimpianto delle sofferenze passate.

2. Perché dobbiamo guarire le memorie?

Con memorie qui si intendono i ricordi, le cose che sono successe nella nostra vita nel passato ma esistono ancora oggi nella memoria e pesano su di noi. Ci tengono prigionieri del passato. Parliamo di ricordi brutti, le cose che sono andate male e a cui ancora pensiamo con tristezza, con rancore, e con gran dolore. Dobbiamo capire bene che:

i. "il tempo non guarisce una ferita".

ii. Alcune ferite sono davvero forti e non si può dimenticarle.

iii. Queste ferite, sbagli, errori, le opportunità perse, le ingiustizie ricevute, ci ossessionano nel presente, tenendoci bloccati nel passato.

iv. Questi ricordi dolorosi che non sono sanati ci impediscono di vivere la nostra vita presente nella serenità.

v. Questi ricordi dolorosi ci tengono prigionieri del passato e ci negano la libertà.

vi. I ricordi dolorosi non sanati ci rendono schiavi e ci condannano a rivivere apparentemente senza fine il passato doloroso.

vii. Queste ferite non guarite contaminano il presente e non ci permettono di vivere l'oggi nella serenità

viii. I ricordi brutti delle ferite del passato che non sono guariti ci negano oggi la libertà e ci tengono incatenati al passato

ix. Quando i ricordi dolorosi non sono affrontati e guariti, diventano pesanti detriti nella nostra vita che portiamo con noi, consapevoli o no, e diventano parte della nostra vita quotidiana.

x. Questi ricordi delle volte ci spingono a stare da soli contro i nostri nemici immaginari.

xi. Tali ricordi quando non sono affrontati e guariti, sono in grado di distruggerci fisicamente, emotivamente e spiritualmente.

xii. Questi ricordi quando non sono affrontati e guariti, ci paralizzano facendoci restare isolati e controllati in modo succube dai dolori del passato e dalle persone che ci hanno offeso.

Tutti questi sintomi e sensazioni ci fanno capire che abbiamo davvero bisogno di compiere il percorso di guarigione delle memorie!

3. Cosa Significa "Il Momento Congelato"?

i. È un momento nel passato in cui è successo un evento che ha causato un dolore forte nella vita dell'individuo tale per cui non si riesce a dimenticare questa cosa e la persona resta intrappolata in questa situazione terribile avvenuta nel passato.

ii. Il momento congelato è quello che ha cambiato la vita dell'individuo in modo negativo e la rende diversa da come era prima.

iii. Questo ci impedisce di crescere, ci blocca in noi stessi o ci fa crescere in modo diverso o meno sano.

iv. Ci sono quattro caratteristiche di questo "momento congelato" (cfr. pp. 87-88).

v. Di solito è un errore che abbiamo compiuto nel passato che continua a tenerci in gabbia nel passato. in quel momento specifico.

4. Conquistare la libertà e la felicità per vivere la vita normale tramite il percorso di guarigione delle memorie.

A. Queste cose brutte sono successe nel passato, oggi il modo di interpretarle o comprenderle può liberarci o imprigionarci. Forse non si può rifare e cambiare queste cose, ma almeno si può cambiare il pensiero, si può cambiare il modo di interpretarle, per liberarci. La memoria ci può liberare e ci può imprigionare, dipende da noi! La memoria ci fa pensare che siamo le vittime, che ci hanno rovinato, che siamo sfiniti, che non c'è più futuro. Ma la stessa memoria ci può fare pensare il contrario. Usiamo la nostra memoria per liberarci dalle cose brutte che sono successe nella nostra vita!

i. La guarigione delle memorie è una decisione personale per liberarsi dalle schiavitù causate dalle ferite e dai dolori del passato.

ii. Ho da decidere di smetterla di rimuginare, di lamentarmi che così non può andare avanti nella mia vita.

iii. Sono pronto/a a compiere questo percorso per cambiare la mia vita per sempre, per il bene.

iv. Scoprirò la mia libertà, la mia felicità e la mia serenità.

B. Il Percorso di guarigione delle memorie dipende da due cose: "Tenere dentro" e "Lasciare Andare"

i. Che cosa facciamo con la rabbia che si prova quando si riceve un torto? Come rispettiamo il dolore e la rabbia legittima che sentiamo?

ii. Questa domandina ci ha fatto vedere tutto.

iii. Quando abbiamo subito una ferita, o abbiamo ferito gli altri, o abbiamo fatto degli errori gravi o abbiamo perso un'opportunità importante, che cosa facciamo con il dolore che portiamo dentro?

iv. Qui si parla di tenere dentro o di lasciare andare

v. Tenere dentro significa mantenere il rancore a causa di questo dolore per lungo tempo o addirittura per tutta la vita rimuginandolo così che ci distrugge e ci fa diventare schiavi di quel dolore.

vi. Lasciare andare significa prendere la ferma decisione di liberarsi da tale dolore.

vii. Lasciare andare implica la fortezza dell'individuo per mezzo della grazia di Dio. Quelli che sono forti, riescono a lasciare la prigione delle ferite del passato e i deboli vi rimangono ancora dentro.

viii. Per lasciare andare prendiamo questi passi (per uscire dalla prigione)

C. "Il Momento Congelato"
a causa dei nostri errori.

i. Il primo passo verso la libertà è accettare che ho sbagliato.

ii. Ho sbagliato perché sono umano e non sono perfetto, ma fragile (consapevolezza dei propri limiti e loro accettazione).

iii. C'è bisogno per me di perdonare innanzitutto me stesso e poi perdonare gli altri se sono coinvolti.

iv. La guarigione delle memorie in questo senso implica una ferma decisione di superare l'impasse dei sensi di colpa interiori.

v. La guarigione delle memorie è considerata raggiunta se il ricordo dell'evento passato, il ripensare a quel "momento congelato", non è più doloroso.

D. Le Ferite Subite

i. Qui si parla di perdonare quelli che mi hanno fatto del male.

ii. Si deve capire che il perdono è un atto di sfida.

iii. Questa sfida implica una decisione di agire in contrasto con ciò a cui la nostra tendenza naturale ci spingerebbe, cioè la vendetta.

iv. Solo i forti accettano questa sfida per liberarsi per mezzo della grazia di Dio.

v. Se sono forte devo uscire con gli altri da questa prigione di rancore costruita dalle ferite del passato.

v. Via --- Me ne vado, libero!

X

vi. *Si inizia con i quattro elementi di perdono. I primi tre possono cambiare posizione, ma l'ultimo viene sempre alla fine del percorso e non può cambiare posto.*

a. Esprimere il proprio sentimento, quello che ho dentro – se sono arrabbiato/a, ferito/a, triste… non devo nascondere questi sentimenti. Buttare fuori questi sentimenti mi libera perché non li tengo più dentro. Tenere questi sentimenti dentro o fingere che non ci siano mi imprigiona e mi fa molto male.

b. Il secondo elemento verso il dare il perdono è capire perché l'altro ha agito in tale modo. Di solito non si riesce a capire bene il motivo, delle volte si capisce, ma ciò che ci rende liberi è dire che forse anch'io potrei aver fatto questo se non fosse per mezzo della grazia in me o dire 'ma chi lo sa'. Queste frasi mi liberano. Il riconoscere che senza la grazia di Dio anch'io avrei potuto agire in quel modo.

c. Pensare che quello che è successo non succederà più. Non ho la sicurezza di questo, ma pensarci mi dà la libertà. Dobbiamo capire che più del 90% di ciò che soffriamo succede solo una volta, ma noi portiamo avanti quello che è successo e continuiamo a soffrire per una cosa che appartiene al passato. Continuiamo a rivivere il passato nel rimuginare e lamentarsi e questo ci rovina la vita, ci toglie la libertà, la gioia, la serenità e la felicità. Ci fa diventare prigionieri del passato e là rimaniamo senza uscire. Oggi devo uscire per cominciare la mia vita normale di libertà e di felicità!!! Via!!!

d. Lasciare andare: questo è il punto principale di cambiamento! Devo lasciare il passato, ho tenuto il rancore del dolore troppo a lungo, non mi fa per niente bene questo; devo decidere di vivere, devo lasciare andare il passato per vivere il presente nella serenità. Devo lasciare andare! La mia vita non dipende da chi mi ha fatto del male. La mia vita dipende da Dio. Chi mi fatto del male non dovrebbe essere un telecomando che controlla la mia vita da lontano. Devo essere libero/libera! Devo lasciare andare. Lasciare andare significa perdonare. Cosa implica il perdono?

vii. Il Perdono

a. Quasi tutti hanno compiuto almeno un torto ad altri. Chi di noi non ha desiderato di essere perdonato? Quasi tutti hanno sofferto l'ingiustizia amara di un misfatto. Chi non ha lottato per perdonare?

b. Il perdono svolge un ruolo chiave nel percorso di guarigione delle memorie.

c. Si deve capire che umanamente perdonare è difficile addirittura quasi impossibile.

d. Perdonare diventa più difficile quando i colpevoli non vogliono chiedere o ricevere il perdono.

e. Se i colpevoli non ci chiedono il perdono, come possiamo comportarci?

f. Questa è una domandina molto importante nel percorso di guarigione delle memorie.

g. Dobbiamo rimanere chiusi nel dolore delle ferite o dobbiamo uscire anche se non vogliono che usciamo?

h. Se la vittima aspetta che il colpevole che forse è arrogante o non è pentito chieda perdono, la vittima rimarrà bloccata nel passato per sempre e la sua vita sarà rovinata di giorno in giorno.

i. Sarebbe giusto per il colpevole chiedere perdono ma se non lo fa, la vittima deve decidere comunque di vivere la sua vita nella serenità e per questo di perdonare.

j. Il perdono qui implica un regalo a chi non ne ha il diritto. Questo regalo mi dà la mia libertà e la mia felicità. Esso mi regala la mia serenità che il male mi ha tolto.

k. Il perdono è un salto dal buio alla luce che cambia la mia vita per il bene, per sempre.

l. Ora è il momento per me di fare questo salto per cambiare la mia vita per sempre!

viii. Il perdono libera sia la vittima che l'autore del reato.

a. Il perdono non è strettamente a beneficio dell'autore del reato, ma è più in favore della vittima.

b. Perdonare una persona che mi ha offeso significa compiere un passo verso la guarigione del proprio dolore.

c. Dalle sue radici ebraiche e greche "perdono" significa "rilasciare" o "rimettere in libertà".

d. Chi è la persona rimessa in libertà? L'autore del reato o la vittima?

e. Tutti e due!

f. Il perdono libera l'autore del reato dalla schiavitù della colpa e la persona offesa dal covare sentimenti distruttivi di rabbia, paura, amarezza e vendetta.

g. Si perdona in libertà e chi perdona giunge ad una libertà più grande.

h. Senza il perdono, la vittima e l'autore del reato rimangono entrambi schiavi del passato senza alcuna prospettiva per il futuro.

i. Senza il perdono, rimarrebbero entrambi prigionieri del passato.

j. Quando perdono gli esseri umani che mi hanno ferito o offeso, io libero me stesso da loro. E libero loro.

E. Il male che abbiamo fatto agli altri

i. Non c'è nessuno che non ha sbagliato. Il male che ho fatto agli altri è uno dei miei errori.

ii. Il male che ho fatto agli altri mi deprime volente o nolente.

iii. Devo accettare che ho fatto soffrire quelle persone.

iv. Ho l'obbligo di chiedere scusa o perdono da loro. Non c'è un'altra strada fuori di questa.

v. Se non chiedo loro perdono sto male finché non lo faccio.

vi. Ho da liberarmi dal peso del passato.

vii. Ho da chiedere a queste persone il perdono per me, perché io possa trovare la mia libertà e la mia serenità.

Conclusione

Devo liberarmi da quelli che mi hanno offeso o mi hanno ferito o da quelli che ho offeso. Ho bisogno di prendere questa ferma decisione molto importante nella mia vita. Non devo permettere a queste persone di controllarmi in modo che io sia sempre triste a causa loro. Non devo permettere che il male che ho fatto alle persone mi deprima continuamente. C'è la possibilità di chiedere perdono per liberarmi. Devo liberarmi per iniziare a vivere nella felicità e serenità. Niente rimuginare, niente lamentarsi, comincio a vivere la mia vita normale. Tanti auguri di buona guarigione!!! Sei coraggioso/a. Sii coraggioso/a!

RINGRAZIAMENTI

A Dio che ci tiene in vita, sia la Gloria per la sua grande grazia su di noi.

Sarò sempre grato alla Nostra Madre la Vergine Maria per la sua intercessione per me. Sono sempre in debito con il mio vescovo, Mons. Paulinus Ezeokafor per il suo immenso aiuto in questi anni. Il mio apprezzamento va al Mons. JB. Okoye, vescovo ausiliario di Awka per l'incoraggiamento ai miei studi. Sarò sempre grato all'Arcivescovo di Modena-Nonantola – Mons. Erio Castelluci per la sua bontà. Sono immensamente grato al mio moderatore, Prof. Michael Fuss per la sua accurata guida durante questa ricerca. Non potrei ringraziare abbastanza la Prof.ssa Teresa Francesca Rossi, che è il secondo lettore di questa ricerca, per tutta la bontà verso di me.

Ringrazio il Rabbino Jack Bemporad la cui amicizia e il cui incoraggiamento sono al di là di ogni parola. Il mio apprezzamento va al Prof. Bruce Williams le cui letture mi hanno influenzato nel portare avanti questa ricerca. Sono grato al Prof. James Puglisi non solo per il suo input accademico, ma anche per il suo immenso aiuto. La mia gratitudine ad Anna Maria per il suo aiuto. Sono inoltre grato alla Fondazione Russell Berrie (specialmente Angelica Berrie, la Presidente) che ha sponsorizzato parte del mio programma accademico nel lavoro di ricerca. Ringrazio immensamente, Donata, Maura e Mauro per il loro aiuto.

Sono grato in modo speciale a Fr. Sebastian Anokwulu per la sua bontà. Tante grazie a tutti i miei amici sacerdoti, specialmente don Gianni Gilli – il parroco di San Giovanni Battista Baggiovara e don Franco Borsari – il parroco della Beata Vergine Mediatrice Madonnina e molti altri. Ringrazio per l'aiuto Dott. Ogwuegbu che ha letto tutto la mia ricerca. La mia gratitudine va a Reginald Ihebom e Gilbert Idahosa per il loro grande aiuto. Ringrazio i membri del St. Barnabas African Catholic Community Modena per il loro sincero supporto. Ringrazio tutti i parrocchiani di San Giovanni Battista Baggiovara e i parrocchiani della Beata Vergine Mediatrice Madonnina, Modena.

Ringrazio la mia famiglia – mia madre, i miei fratelli, mie cognate, i miei nipoti per il loro costante supporto. A mio padre - Bartholomew Ezemadubom e al mio amico e compagno Eugene Ojobor che il Signore possa dar loro eterno riposo, Amen.

EZEMADUBOM Celestine Chidiebere